KB157978

신냉전 시대 한국 Heaven or Hell?

신냉전 시대 한국: Heaven or Hell?

2023년 9월 20일 초판 1쇄 발행
지은이 이병종

펴낸이 권혁재

편 집 권이지
진 행 권순범
디자인 이정아

인 쇄 성광인쇄
펴낸곳 학연문화사
등 록 1988년 2월 26일 제2-501호
주 소 서울시 금천구 가산디지털1로 16 가산2차 SKV1AP타워 1415호

전 화 02-6223-2301
전 송 02-6223-2303
E-mail hak7891@chol.com

ISBN 978-89-5508-497-9 (03070)

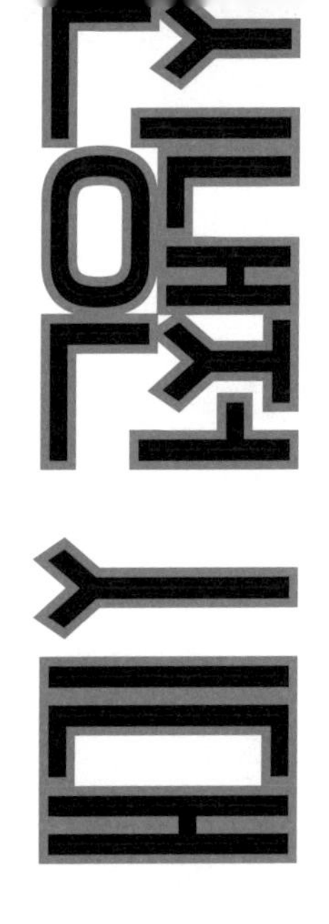

한국:

소통을 통한 한국 외교 생존법

이병종 칼럼

학연문화사

서론

25년간 외신기자 생활, 그리고 12년간 교수 생활을 통해 본 한국의 모습은 극과 극이었다. 천당과 지옥을 오갔다. 80년대 중반 한국을 세계에 알리는 외신 기자 생활을 처음 시작할 때 한국의 모습은 어둡고 추악했다. 민주화를 열망하는 학생들이 던진 화염병과 시위를 저지하려는 경찰의 최루탄으로 도시는 아수라장이었다. 민주화가 진전되자 전직 대통령들은 부패와 비리 혐의로 줄줄이 감옥으로 향하거나 불명예를 안고 추락했다. 여기에 연루된 재벌 기업의 총수나 임원들도 같은 신세가 되었다. 한 때 잘 나가던 한국 경제는 아시아 금융 위기의 와중에서 부도 직전에 몰린다. 북한의 핵 위협은 갈수록 심각해지고 한반도의 군사 긴장은 끝이 보이지 않았다. 백화점과 다리가 무너지고 배가 침몰하는 등 사고가 끊이지 않는 한국의 모습은 저주받은 나라였다. 한국인으로서 이렇게 부정적인 한국의 모습을 해외에 타전해야 하던 필자는 자괴감을 느꼈다.

2000년대 들어서 조금씩 변화가 시작되었다. 한일 월드컵을 계기로 한국인의 역동성이 조명을 받기 시작했고 한류로 불리는 대중 문화가 해외에서 각광을 받았다. 고통스런 금융 위기를 겪고 난 한국 경제는 조금씩 활력을 얻었고 삼성, 현대 등 한국 기업은 점차 강력한 다국적 기업으로 탈바꿈했다. 이념, 세대, 지역 갈등은 여전했지만 정권은 평화적으로 교체되었고 언론과 시민 단체의 역할은 증대되었다. 좁은 울타리 속에서 오랫동안 단일민족으로 살면서 생겨난 폐쇄성은 점차 열린 마음으로 바뀌며 글로벌 코리아를 지향하는 단계에 이르렀다. 불과 얼마 전까지 저주스럽던 한국의 모습은 차츰 밝고 희망찬 축복의 기운을 보였다.

그러나 지금 한국의 모습이 완전히 탈바꿈한 것은 아니다. 새로운 축복의 가능성도 보여주지만 동시에 지난 세기 한국을 괴롭히던 저주의 모습도 여전히 존재한다. 극과 극이 상존하는 나라이다. 역동성과 창의성으로 가득 찬 젊은 세대는 동시에 좌절과 절망에 휩싸여 결혼과 출산을 포기한다. 대기업은 성장을 거듭하며 승승장구 하지만 중소기업은 여전히 풍전등화의 취약한 모습을 보인다. 도시는 화려한 초고층 빌딩과 첨단 디지털 기술을 과시하지만 시내 한 복판에서는 할로윈 인파가 몰려 수많은 젊은 생명이 희생된다. 케이팝 스타들은 전 세계 팬을 거느리며 최고의 인기를 누리고 있지만 이면에서는 연예 자본의 가혹한 착취와 노예 계약 소식이 들린다. 한 세대 만에 이룩한 민주주의를 자랑하지만 사회는 극렬하게 분리되어 있고 이념과 진영논리 속에서 동지 아니면 적 밖에 없는 세상이 되었다.

이러한 한국의 양면성을 필자는 가장 극명하게 느낄 때가 있다. 공공외교를 수행하는 국제교류재단 사업의 일환으로 지난 10여년간 해외에 있는 외국 학생들에게 한국학을 가르치면서이다. 브라질, 세네갈, 이라크, 베트남 등 다양한 국적의 학생들에게 한국의 정치와 경제를 화상 강의하면서 이들이 인식하고 있는 한국의 모습을 주목하게 되는데 이 역시 극과 극을 오간다. 이들이 제출하는 학기말 페이퍼는 자유 주제인데 여기에는 한국의 경제 발전, 정치 민주화, 첨단 기술, 한류 등 밝고 긍정적인 주제도 있는 동시에 한국의 높은 자살률, 노인 고독사, 과로사, 젊은 세대의 삼포 (연애, 결혼, 출산 포기) 현상, 초고령화, 비정규직의 문제점 등 어둡고 부정적인 주제도 있다. 필자가 보기에는 이들이 보는 한국의 모습이 한국인이 생각하는 한국의 모습보다 더욱 객관적이고 정확하다.

이렇게 천당과 지옥을 오가는 한국의 모습을 올바로 인식하고 보여주려는 것이 필자가 이 책을 출판하는 이유다. 지나친 낙관론으로 한국을 미화하거나 패배주의에 젖어 한국의 치부만을 들추는 것이 아니라 보다 정확한, 있는 그대로의 한국의 모습을 조명해 보고자 하는 것이다. 필자가 주로 연구하고 강의하는 분야인 공공외교에 관한 한 가지 오해가 있는데 즉 이것이 한 국가를 미화하고 과대 포장해서 해외에 알리는 작업으로 잘못 알고 있는 것이다. 그러나 공공외교의 본질은 한 국가의 실체와 이미지 사이의 간극을 줄여 그 국가의 올바른 모습을 해외에 정확하게 알리는 것이다. 그런 의미에서 필자는 이 책이 객관적인 한국의 모습을 조명하는 데 조금이나 도움이 되기를 희망한다. 여기에 담긴 글들은 지난 6년간 필자가 아주경제 신문에 한 달에 한번 기고한 칼럼을 모은 것이다. 다양한 주제에 대해 얘기했지만 핵심은 명암이 교차하는 한국의 객관적인 모습이다.

특히 급변하는 국제 정세 속에서 한국은 지금 어디에 있고 어디로 나가야 하는지에 대해 고민한 글들이 많다. 미중간 대립이 격화되고 러시아의 우크라이나 침공으로 신냉전 시대가 도래한 지금 한국이 생존할 수 있는 방안은 무엇인지 생각해 보았다. 필자가 내린 잠정적인 결론은 소프트파워이다. 하드파워에 의존하는 비정한 현실주의가 다시 힘을 얻고 세계화가 퇴보하는 상황이지만 역시 한국의 장래는 자유주의에 있고 소프트파워에 있다. 가능성도 보인다. 문화가 꽃피고 있고 민주주의적 가치가 자리 잡고 있으며 포용적인 외교 정책이 펼쳐지고 있다. 하버드 대학의 조셉 나이 교수가 말하는 소프트파워의 삼 박자를 갖춰나가고 있다.

그러나 여기서 한 가지 아쉽다고 생각하는 부분은 소통이다. 한국 사회 내에서의 소통, 그리고 국제 사회와의 소통이 부족하고 왜곡된 점이다. 오랫동안 기자로서, 또 학자로서 소통을 담당하며 연구해온 필자로서는 이것이 한국의 아킬레스 건이라 생각한다. 특히 해외를 상대로 한 소통이 취약해 한국의 올바른 모습을 해외에 투사하지 못한다. 축복도 아니고 저주도 아니고 천당도 지옥도 아닌 오늘의 한국의 모습을 제대로 보여주지 못한다는 얘기다. 정부는 한국을 제대로 알리고 국제 사회의 이해와 지지를 얻기 위해 적극적인 공공외교 사업을 펼치고 있지만 아직까지는 시작 단계에 있다. 주변국이나 여타 중견국과 비교해 턱없이 부족한 예산이나 인원으로 아직은 역부족이다. 이런 면에서 이 책의 글들이 소프트파워를 위한 한국의 소통외교에 조금이나마 보탬이 되기를 기대한다.

목차

2018

2019

2020

2021

2022

2023

평창동계올림픽과 국가 브랜드

글로벌리스트의 몰락

지도자의 소통 방법

평양의 트럼프 타워

예멘 난민과 다문화 정책

2018

Lee Byung Jong's column

실업 문제와 해외 진출

대통령과 한국의 운명

선거와 미디어

부도와 IMF

평창동계올림픽과 국가 브랜드

평창동계올림픽의 열기가 뜨겁게 달아오르고 있다. 개막식에서 남과 북의 선수단이 하나가 되어 한반도기를 흔들며 입장했고, 여자 아이스하키 단일팀 구성과 북측 응원단과 공연단의 방문에 대한 국내외 관심도 뜨거웠다. 한편에서는 이것이 남북한의 평화 의지를 세계에 과시해 올림픽 스포츠의 궁극적인 목표인 평화에 한 걸음 다가간 쾌거라고 평가한다. 다른 한편에서는 우리가 애써서 유치하고 준비한 대회를 북한이라는 호전적이고 세계의 웃음거리인 깡패 국가에 그 공을 넘겨준 처사라고 비난하고 있다.

'평창 올림픽인가, 평양 올림픽인가'란 논란이 지속되는 지금 과연 어느 편이 옳은지는 시간이 지나 봐야 알 수 있을 것 같다. 올림픽이 끝나고 그 열기가 식은 다음 냉정을 되찾은 가운데 이해득실을 엄밀하게 따져

보면 된다. 중요한 것은 왜 그러한 뜨거운 논쟁이 계속되었는가 하는 점이다. 그것은 이러한 대회가 국가 브랜드라는 중요한 가치와 관계가 있기 때문이다. 많은 나라가 올림픽 같은 국제적인 메가 이벤트를 개최하려는 이유가 무엇일까? 자금, 인력 등 많은 자원이 소요되고 개최지 시민들에게 교통 문제 등 여러 가지 불편을 끼침에도 불구하고 많은 국가나 도시가 이러한 행사를 유치하려는 이유는 장기적으로 국가나 도시 브랜드에 긍정적인 영향을 미치기 때문이다.

국가 브랜드 연구 분야 선구자인 영국의 사이먼 안홀트는 높은 국가 브랜드 가치가 크게 세 가지 이득을 준다고 한다. 수출의 증대, 외국인 투자의 증가 그리고 외국인 관광객의 증가가 그것이다. 그 밖에도 국가 신인도 향상, 국가 화폐 가치의 안정, 외국과 동맹이나 협약 체결 시 용이성 등 여러 가지 보이지 않는 효과가 있다고 설명한다. 그리고 브랜드를 연구하는 학자들에 따르면 국가 브랜드는 한 나라의 문화, 국민성, 자연, 역사, 전통, 제도, 이념 등 다양한 요소의 영향을 받는다고 한다. 이러한 제반 요소를 종합하여 분석한 결과 독일이 작년 현재 세계 최고의 국가 브랜드 가치를 지닌다고 안홀트 국가 브랜드 지수는 밝히고 있다. 그 전 몇 년간은 미국이 세계 최고의 국가 브랜드 가치를 보유했으나 폐쇄적인 이민 정책과 트럼프 행정부 출범으로 이 가치가 하락했고, 반면 독일은 포용적인 대외 정책 그리고 축구 등 스포츠와 문화 등 여러 분야의 성과로 인해 1위 자리를 차지했다고 분석했다.

한국의 브랜드 가치는 몇 년 동안 27위권에서 머무르고 있다. 지난 정부들이 막대한 노력과 예산을 들여 이 가치를 높이려고 했으나 대부분 실패했다. 2002년 한·일 월드컵의 성공을 바탕으로 진보 정부는 '다이내믹 코리아'의 기치를 높이며 대외이미지 위원회를 설립 운영했으나 별무성과였다. 그 다음 보수정권은 대통령 직속 브랜드위원회를 설치하여 여러 가지 야심찬 사업을 진행했으나 이 역시 실패했다. 가장 최근에 발표된 '크리에이티브 코리아'라는 브랜드 구호는 지금 쯤 어느 구석에서 먼지에 뒤덮여 잠자고 있는지 궁금하다. 이러한 야심찬 사업들이 계속 실패한 것을 보면 정부의 브랜드 정책에는 분명 문제가 있는 것으로 보인다.

과연 어떤 이유일까? 무엇보다 정책의 일관성 부재다. 정권이 바뀔 때마다 자기 정권 입맛에 맞는 정책을 새로 추진하면서 과거 정책은 깡그리 폐기한다. 이런 문제는 비단 브랜드 정책뿐 아니라 모든 분야에서 나타나고 있지만 그 폐해는 특히 브랜드 문제에 있어 심각하다. 한 나라의 대외 브랜드 이미지는 오랜 기간에 걸쳐 형성되고 한번 형성되면 쉽게 고쳐지지 않는 특성이 있다. 그것은 국가 브랜드가 일종의 스테레오 타입(고정관념)이기 때문이다. 기존의 브랜드를 무시하고 무조건 새로운 것을 추구하면 실패하는 이유가 거기에 있다.

영국은 몇 년 전 '쿨 브리태니아'라는 신선한 브랜드 캠페인을 벌였지만 이것이 영국의 오랜 전통을 무시하고 너무 새로운 것만을 강조한다는 비판 때문에 실패한 바 있다. 우리의 경우도 이와 다르지 않다. 새 정부라고 기존의 브랜드 이미지를 무시하고 무조건 새로운 정책을 내 세우면 당연히 실패한다. 이와 관련하여 꼭 필요한 것이 브랜드 정책 수립 이전의 사전 조사와 연구이다. 현재 우리 나라가 갖고 있는 대외 브랜드와 이미지가 무엇인지, 어디쯤에 위치하고 있는지에 대한 철저하고 체계적인 조사이다. 이에 대한 완벽한 분석이 끝난 이후에나 이를 바탕으로 한 새로운 정책이 나올 수 있는 것이다. 이러한 작업들을 수행하는 데는 전문가의 도움이 필요하다. 관련 분야를 연구하는 학자나 민간 연구 기관 등을 이용하는 것이 효과적이다. 특히 우리의 현상을 객관적으로 볼 수 있는 외국의 전문가를 이용하는 것이 바람직하다. 우리가 우리를 보는 시각은 항상 우리 위주의 관점이 들어 있어 편향적으로 흐를 수 있는 위험이 있기 때문이다.

다시 평창올림픽으로 돌아가 보자. '평화 올림픽'이라는 원래 우리의 구호는 한반도의 지정학적 위기를 줄이고 국제사회를 안심시키기 위한 고육책이었다. 그러나 스포츠와 정치를 분리하려는 국제 스포츠계는 원래 이를 탐탁하지 않게 여겼다는 후문이다. 우리가 올림픽 유치에 두 번이나 실패한 이유가 거기에 있다고 보는 견해도 있다. '하나된 열정(Passion Connected)'은 반면 이러한 점을 극복하고 우리의 열정적인 국민성을 보여주어 국제사회의 공감을 얻었다고 본다. 이제 이를 바탕으로 올림픽이 끝난 후 어떻게 이러한 열정을 이어가서 우리의 국가 브랜드로 발전시키는가 하는 것이 남은 과제이다. 평창이든, 평양이든 중요한 것은 어떻게 이것이 우리의 향후 국익을 극대화시키는가 하는 전략적인 접근이다.

아주경제 2018년 2월 18일

글로벌리스트의 몰락

바야흐로 미국과 중국의 무역 전쟁이 시작되면서 전 세계가 전전긍긍하고 있다. 양국이 각각 수십조원에 달하는 관세를 부과하기로 했고 이로 인해 미·중 간 무역 보복전이 전 세계로 확산되지 않을까 하는 우려가 증폭되고 있다. 팽배하는 보호무역주의는 특히 한국과 같이 무역의존도가 높은 나라에 치명타가 될 것이다. 한국 철강 제품 등 일부가 보복 관세 대상에서 제외될 것 같다는 보도로 한 시름 놓는 듯하지만 전혀 안심할 때가 아니다. 미국은 이를 미끼로 한·미 자유무역협정(FTA)을 대폭 손질할 태세이고 자동차 등 여러 분야에서 한국은 양보를 해야 할 듯하다.

이렇듯 파괴적인 보호무역주의가 21세기 들어 다시 기세를 떨치는 배경이 무엇일까? 일단은 각국에서 부상하고 있는 자국 우선주의, 민족주의, 반세계주의일 것이다. 교통과 통신의 발달로 지구촌이 하나로 연결되며 이민의 증가, 교역의 증가가 가속화되고 이 과정에서 소외되고 피해받는 계층이 늘어나기 때문이다. 예를 들어 미국의 철강 단지 등 쇠퇴하는 러스트벨트의 백인 노동자들은 세계화에 대한 엄청난 피해의식을 갖고 있고 이로 인해 트럼프 대통령같이 자국 이익을 최우선시하는 신고립주의자를 지지하게 되는 것이다. 영국에서 브렉시트가 일어나고, 이탈리아·프랑스 등에서 극우 정당이 부상하는 것도 다 같은 이유이다.

여러 나라에서 권위적인 지도자가 갈수록 힘을 얻고 있는 것도 비슷한 맥락이다. 미국의 트럼프 대통령뿐 아니라 러시아의 푸틴 대통령, 중국의 시진핑 주석, 필리핀의 두테르테 대통령이 각각 강력한 자신들의 지지 기반을 바탕으로 무소불위의 힘을 발휘하고 있다. 푸틴과 시진핑의 경우에는 실질적인 영구 집권까지도 도모하는 실정이다. 이 상황에서 타국과의 관계나 국제사회의 평판 등은 우선 순위가 밀리고 오직 국내 정치적 고려만이 앞서게 되는 것이다. 소위 글로벌리스트의 몰락이 오게 되는 것이다. 무역뿐 아니라 환경, 문화 교류, 안보 협력 등 여러 분야에서 글로벌주의는 쇠퇴하고 있다. 트럼프 행정부가 파리 기후 협약 및 유네스코를 탈퇴하고 나토의 동맹 체제를 흔드는 것이 그 예이다.

이러한 보호무역, 자국 우선 주의가 얼마나 갈지는 알 수 없는 일이다. 시간이 지나서 약화되기보다는 오히려 더욱 확산되어 1930년대 대공황 시대를 열었던 경쟁적인 보복 무역 시대가 오는 것이 아닌가 하는 우려가 커진다. 이런 위중한 시점에서 한국이 가야 할 길은 무엇인가? 거대한 국제 무역 전쟁의 파고에서 한국이 할 수 있는 역할에는 분명 한계가 있다. 고래 싸움에 새우등 터지는 격이 될 수 있다. 그렇다고 손 놓고 수수방관할 수는 없다. 현 정부가 협상단을 미국에 급파해서 철강 관세 유예 조치를 받아낸 것은 그런 면에서 적절한 조치였다. 이러한 노력은 앞으로도 품목별로, 또 국가별로 신속하게 이어져야 할 것이다.

이와 관련해서 지난 정부들의 성과를 되돌아볼 필요가 있다. 경제 위기와 관련해서 과거 김대중 정부의 노력은 충분히 평가할 만하다. 외환 위기로 인해 외환 보유고가 바닥이 나 국제통화기금(IMF)의 구제 금융으로 가까스로 국가 부도를 면한 상황에서 한국을 떠난 외국인 투자자들을 다시 불러온 일이 그것이다. 뼈를 깎는 구조 조정과 여러 가지 인센티브 제공을 통해 그들의 발길을 되돌렸고 그로 인해 한국은 불과 1~2년 만에 IMF 차관을 상환하고 정상 국가로 바뀔 수 있었다.

이명박 정부의 신속한 조치도 큰 성과를 보였다. 2008년 미국의 월스트리트에서 시작된 금융기관의 파산은 전 세계 금융위기로 확산되었고 이 와중에서 각국은 보호무역주의의 움직임을 보이기 시작했다. 지금의 현상과 비슷한 상황이 될 수 있었다. 그러나 미국 및 유럽, 심지어는 중국까지 자유무역의 신념을 바탕으로 협력을 도모했고 환율, 금리, 재정 등 여러 분야에서 공동 보조를 취해 위기를 막을 수 있었다. 여기서 작은 나라지만 한국도 큰 역할을 했다. G20 정상회의를 개최·주재하여 각국이 협력할 수 있는 계기를 마련했고 막후에서도 합의를 끌어내기 위해 많은 노력을 기울였다. 경주의 G20 재무장관 회의에서는 합의가 없으면 교통편 제공이 없다고 엄포 아닌 엄포까지 놓았다. 주요국과 통화스와프 등을 통해서 한국의 체질도 개선해 나갔다.

그로 인해 한국 경제는 경제협력개발기구(OECD) 국가 중 가장 빠르게 위기를 극복한 나라 중 하나가 되었고 결과적으로 세계 교역 및 경제도 다시 활력을 되찾아 정상 궤도로 돌아올 수 있었다. 최근 이명박 전 대통령은 비리 혐의가 드러나 구속되는 등 개인적으로 치욕의 나락에 떨어졌지만 그 정부가 보인 경제 위기 극복 노력에 대해서는 평가를 해줘야 하는 것이 마땅하다. 특히 글로벌 코리아의 기치 아래 세계에서 한국 경제 및 국가의 위상을 한 단계 높인 것은 큰 성과라고 생각된다.

물론 지금의 세계 경제 환경은 크게 다르다. 오바마 같은 포용적인 국제주의자도 없고 브렉시트로 대변되는 고립주의가 유럽연합 등 국제 협력 질서를 크게 흔들고 있다. 자유주의보다는 현실주의가 시대 정신이 되어 가고 있다. 이럴 때일수록 한국 같은 개방 경제 국가가 앞장서야 한다. 무역이 아니면 경제가 휘청거릴 수 있는 한국 같은 나라는 이것이 생존의 문제이기 때문이다. 물론 작은 나라로서 엄청난 한계가 있는 것은 사실이다. 그러나 한국과 비슷한 위치에 처한 다른 중견 국가들, 특히 네덜란드·벨기에처럼 자원 없이 교역에 의존하는 나라들과 힘을 합쳐서 자유 무역의 중요성을 설득하고 나선다면 너무 지나친 과욕일까? 글로벌리스트가 몰락하는 현 시점에서 한국이 글로벌리스트가 되는 모습이 보고 싶다. 그것은 성과가 있든 없든 원칙의 문제이기 때문이다.

아주경제 2018년 3월 25일

지도자의 소통 방법

트럼프 미국 대통령은 이른 새벽부터 침실에서 수많은 트위터 메시지를 쏟아내는 것으로 유명하다. 마이크 폼페이오 국무장관 지명자가 얼마 전 비밀리에 북한을 방문해 김정은과 면담한 것도 트위터를 통해서 확인됐다. 미국의 각종 정책을 파악하기 위해서는 백악관의 공식 기자 회견보다도 트럼프의 트위터 메시지를 살피는 것이 더 효과적일 정도이다. 대통령이 되기 이전부터도 트럼프는 트위터를 통해서 유권자와 직접 소통하며 자신의 정책과 철학을 전달했다. 그 결과 대다수의 주류 언론이 트럼프의 폐쇄적인 이민정책 등을 반대하고 대립각을 세웠으나 트럼프의 당선을 막을 수 없었다. 결국 대중 매체를 '가짜 뉴스'라고 공격하며 트위터를 통해 국민과 직접 소통한 트럼프가 승리하게 된 것이다.

트위터, 페이스북 등 소셜미디어의 영향력이 증대하면서 지도자들은 이제 불편한 기존 언론을 상대하지 않고 국민들과 직접 소통하려는 경향이 늘어가고 있다. 프랑스의 마크롱 대통령이나 캐나다의 트뤼도 총리가 좋은 예이다. 한국의 문재인 대통령도 최근 들어 뉴미디어 비서관실을 이용해 국민에게 직접 정책을 전달하는 강도를 높여가고 있다. 어찌 보면 이는 당연한 현상이다. 전통 언론의 기본 역할이 정치 권력을 견제하고 비판하는 것이기 때문에 지도자에게는 지극히 불편한 존재이다. 반면 뉴미디어는 언론의 게이트키핑 과정을 거치지 않기 때문에 원하는 메시지를 아무런 여과나 편집 없이 그대로 전달할 수 있는 장점이 있다. 트럼프 대통령이 쉴 새 없이 쏟아내는 트위터는 전 세계 5000만명의 팔로어들에게 실시간으로 원문 그대로 전달되고 있다.

하지만 이러한 현상은 당장은 지도자들에게 도움이 되겠지만 장기적으로 보면 자신들이나 그들 국가에 결코 도움이 되지 못한다. 뉴미디어의 영향력이 확대되면서 여기에 따른 부작용이 갈수록 커지는 것이 한 이유이다. 많은 사람들에게 이제 트위터나 페이스북은 단순히 사회관계망을 구축하는 수단이 아니라 뉴스를 접하는 주요 수단으로 자리 잡고 있다. 그러나 여기서 생산되는 뉴스는 갈수록 공신력을 잃어가고 있다. 확인되지 않는 가짜 정보들이 난무하고 음해성 기사들이 넘쳐나고 있다. 이런 현상이 지속되면 뉴미디어에 대한 신뢰감은 급속히 붕괴될 것이다. 최근 페이스북의 사용자 정보가 노출되어 정치적 목적으로 사용된 것이 드러나면서 회사가 곤욕을 치른 것도 이러한 현상을 가속화시키고 있다.

반면 기존 매체는 여전히 독자와 시청자의 신뢰를 잃지 않기 위해 꾸준히 노력하고 있고 이를 실현할 수 있는 시스템을 갖추고 있다. 기자는 단순히 사안의 한 단면만을 전달하는 것이 아니고 모든 시각을 균형 있게 전달하도록 훈련받고 있다. 또한 일반인과 달리 가짜 정보를 판별할 수 있는 능력을 직업적 훈련을 통해 계속 습득하고 있다. 뉴미디어의 신뢰가 추락할수록 기존 매체에 대한 공신력은 오히려 증가할 것이다. 최근 미국의 권위 있는 퓰리처상이 뉴욕타임스, 워싱턴포스트 등 트럼프가 가짜 뉴스라고 매도했던 언론사에 돌아간 것이 이를 잘 증명한다. 뉴미디어를 통해 전 세계에 확산되어 큰 반향을 일으킨 '미투' 운동도 결국은 이들 기존 언론사를 통해서 최초로 시작되었다. 트위터에 매달리고 있는 트럼프 대통령도 사실은 기존 언론을 통해 아이디어를 얻고 있다. 매일 아침 폭스뉴스의 'Folks and Friends'라는 프로그램을 시청하면서 보낼 메시지를 정한다고 한다.

보다 중요한 것은 권력에 대한 기존 언론의 견제와 감시 기능이다. 물론 대중 매체도 점차 파편화되면서 중립성을 잃고 정파적으로 치우치는 경향이 늘어난다. 미국의 경우도 폭스뉴스는 점차 보수화하고 CNN 등은 더욱 진보화하고 있다. 그러나 언론으로서 사회 현상을 비판적으로 분석하고 대안을 제시하는 본연의 기능은 여전히 충실하고 있다. 문제는 이러한 사회적 감시견(watchdog) 기능을 계속하기 위한 여력이 갈수록 떨어지는 점이다. 광고가 뉴미디어로 이동하면서 광고비에 의존하는 이들 매체의 수익성이 악화되고 있고 정보가 무료화되면서 구독료도 감소하고 있다. 이 현상이 지속되면 언론의 사회 감시 기능은 더욱 약화될 것이고 지도자가 언론을 회피하고 직접 소통만을 고집하는 경향은 더욱 늘어날 것이다. 민주주의의 구현이라는 측면에서 큰 위기이다.

이와 관련해서 미국에서는 흥미로운 현상이 벌어지고 있다. 기존 매체나 전통적 기업의 수익을 빼앗아 가 크게 성장한 뉴미디어나 IT 기업들이 자신들이 몰아낸 전자들을 살리기 위해 노력하고 있는 것이다. 아마존의 창시자 제프 베이조스가 개인 자금을 이용, 재정난에 시달리던 워싱턴포스트를 매입해서 다시 부활시킨 것이 큰 예이다. IT와 뉴미디어 기술이 발달할수록 민주주의를 위한 전통 매체의 역할은 더욱 중요하다는 것이 베이조스의 생각이다. 그 결과 워싱턴포스트는 현재 'Democracy Dies in Darkness(어둠 속에서 민주주의는 사라진다)'라는 슬로건 하에 권력의 감시견 역할을 더욱 충실히 하고 있다. 이베이 창업자 등 다른 IT업계 거물들도 전통 매체를 인수하거나 새 언론사를 설립하여 비슷한 활동을 벌이고 있다. 자신에 대한 날카로운 비판을 거듭하는 워싱턴포스트 때문에 트럼프 대통령은 최근 모기업이라 할 수 있는 아마존에 대한 공격을 강화하고 있다. 아마존이 전통 기업을 파괴하고 있고 미국 경제를 망치고 있다는 비난이다. 이 역시 트위터를 통해서 전해진다. 트럼프의 트위터 정치가 얼마나 지속될지 지켜볼 일이다.

아주경제 2018년 4월 19일

평양의 트럼프 타워

남북 관계가 해빙 무드를 타고 있는 가운데 다음 달에는 상상치도 못했던 북·미 간 정상회담이 성사될 것으로 보인다. 한반도를 둘러싼 최근의 정세 변화는 가히 어지러울 정도로 급속히 진전되고 있다. 그렇기 때문에 북한과 관련해 급진적이고 도발적인 내용의 각종 시나리오들이 난무하고 있다. 그중 하나가 평양 대동강변의 트럼프 타워 건설이다. 문정인 대통령 통일외교안보 특보가 한 언론 인터뷰에서 북한이 비핵화를 진행하고 미국이 체제보장을 해준다면 평양에 트럼프 타워가 들어서고 맥도날드와 코카콜라가 판매되는 것도 가능하다는 발언을 한 바 있다.

이런 생각이 전혀 황당하지 않게 들리는 것은 최근 들어 여러 정부, 기관에서 비슷한 전망을 발표하기 때문이다. 마이크 폼페이오 미국 국무장관은 북·미관계가 호전되면 미국 시민의 세금을 쓰지 않고도 민간 기업의 투자를 통해서 북한 경제를 발전시킬 수 있다고 전망했다. 이를 두고 북한판 마셜 플랜이 가능하다는 얘기가 나온다. 마셜 플랜이란 2차 세계대전 직후 미국 정부가 서유럽 경제 재건을 위해 5년 동안 120억 달러를 들여 서유럽 16개국에 제공한 원조 프로그램을 말한다. 이는 정부 원조 공여이기 때문에 민간 기업 투자와는 성격이 다르다. 중요한 것은 이를 통해 서유럽 경제가 재건되었다는 점이다.

이와 비슷한 맥락으로 한국산업은행은 한국정부, 주변국 정부, 그리고 국제개발기구가 협동으로 북한개발은행을 설립해서 북한 경제 개발을 지원할 수 있다고 발표했다. 북한의 경제 개발에 최소 100조원 이상이 들 것으로 예상되기 때문에 어느 한 정부나 기구가 이를 전담할 수는 없기 때문에 이는 당연한 논리로 받아들여진다. 또한 아직 정치적 리스크가 상존하는 북한에서 민간 기업이 투자하는 데는 한계가 있기 때문에 위험을 분산하는 이러한 공동 공적 투자 전략은 현실성이 있어 보인다. 특히 세계은행(World Bank), 국제통화기금(International Monetary Fund), 아시아개발은행(Asia Development Bank) 등 국제개발기구의 역할이 강조된다.

한국 정부가 국제기구와 손잡고 북한 경제 발전을 추구해야 하는 또 다른 이유가 있다. 그것은 바로 정치적 민감성을 제거하는 것이다. 과거 한국 정부가 대북 관계를 정치적 목적으로 이용한 경우가 많기 때문에 이는 꼭 필요해 보인다. 정권이 바뀌면 대북정책이 송두리째 바뀌는 경우가 많기 때문에 이를 방지하고 정책의 지속성을 유지하기 위해서는 국제기구나 국제사회와 손을 잡는 것이 중요하다. 이는 북한 정부의 거부감을 줄이는데도 크게 기여할 수 있고 대내외에 대북 사업의 정당성 및 신뢰성을 제고하는데도 기여할 수 있다. 개성공단이나 금강산사업의 경험을 보아도 이는 자명해 보인다.

국제기구 중에서도 특히 세계은행의 역할은 크게 기대할 만하다. 이는 김동연 부총리도 밝힌 바 있는데 한국 경제 개발에 큰 역할을 했던 세계은행이 북한의 경제 개발을 한국 정부와 합동으로 추진한다면 큰 효과를 거둘 것으로 예상된다. 특히 최근 중국이 아시아인프라투자은행(Asia Infrastructure Investment Bank)을 통해 지역 및 세계 경제 주도권 잡기를 시도하기 때문에 이를 견제하기 위해서도 세계은행의 역할은 중요하다. 사실 벌써 자원, 에너지 등 북한 경제의 많은 부분이 중국의 영향권에 종속되어 가는 경향이 있어 많은 우려를 자아내고 있는 현실이다.

세계은행과 한국의 관계는 아주 특별하다. 한국 경제 발전 초기에 주요 인프라 및 기간 산업 투자는 세계은행이 주도해 왔고 그 결과 한국은 전 세계에서 유례가 없는 경제 발전을 이룰 수 있었다. 1995년 한국 정부가 세계은행 차관에서 공식적으로 졸업했고 그 이후에는 수여국이 아닌 공여국으로 개발도상국 발전에 기여해 왔다. 현재 한국은 세계은행의 1.5% 정도의 지분을 갖고 있고 2013년에는 송도에 한국사무소를 설치하여 운영해 오고 있다. 한국계 미국인 김용 세계은행 총재는 한국에서 행한 세계은행의 역할이 전 세계가 본받을 모범 사례라고 밝히고 있다. 이러한 개발 경험을 개도국에 전수하기 위해 한국 정부는 2011년 한국녹색성장신탁기금(Korea Green Growth Trust Fund)을 설립하였고 현재 세계은행은 이 기금을 통해 전 세계 60여개 국가에서 120여개의 프로젝트를 운영하고 있다.

사실 북한이 필요한 모델은 이러한 인프라 및 기간 산업 투자를 통한 경제 발전일 것이다. 과거 중남미 국가들이 미국 및 국제기구의 원조를 수입대체산업 및 사회서비스에 집중 투자하여 실패한 사례를 본다면 더욱 그러하다. 반면 한국의 경우는 보다 장기적이고 포괄적인 개발 계획에 따라 지속가능한 경제 발전을 이룬 사례이다. 평양에 트럼프 타워를 세우고 맥도날드와 스타벅스 지점이 생기는 것도 폐쇄된 북한 사회를 개방한다는 차원에서는 좋은 일이다. 그만큼 상징성도 크다. 그러나 이러한 투자는 민간부문에서 소규모로 이뤄지는데 그칠 것이다. 보다 근본적인 발전을 위해서는 국제사회 및 국제기구가 한국정부와 손잡고 장기 투자를 해야 할 것이다. 그래야지 향후 가능할지도 모를 남북 경제 통합이 순탄해질 것이고 통일 비용도 줄일 수 있게 될 것이다.

아주경제 2018년 5월 24일

예멘 난민과 다문화 정책

최근 전 세계의 골칫거리로 등장한 난민 문제가 급기야 한국에 상륙했다. 올해 들어서만 500여명에 달하는 예멘인들이 비자 면제 조항을 이용해 제주도에 입국하여 난민 신청을 한 것이다. 이들이 난민 지위를 받을 확률은 높지 않지만 난민 허용 심사 절차가 길어서 최대 3년까지 한국에 체류할 가능성이 있다. 이로 인해 난민 문제가 갑자기 우리 사회의 심각한 논쟁 거리로 등장했다. 한편에서는 난민들로 인한 사회 문제, 범죄, 일자리 감소 등을 우려하며 이들의 난민 수용을 반대하고 있다. 청와대의 국민청원은 벌써 30만명이 넘었다. 다른 한편에서는 다문화 사회를 표방하는 우리로서 이들의 인권 보호 차원에서 가능하면 난민 신청을 수용해야 한다는 입장이다.

이는 정부로서도 상당히 곤혹스러운 상황이다. 문제가 불거지자

정부는 재빠르게 예멘을 제주도 무비자 입국 대상국에서 제외했고 이들 난민들에 대해 제주도를 벗어나지 못하도록 하고 있으나 근본적인 문제 해결은 쉽지 않다. 한국은 2013년 아시아 최초로 난민법을 제정하여 난민 신청이 있을 경우 이를 심사하도록 되어 있다. 선진 개방된 인권 국가로 나가기 위하여 제정된 법이지만 현실은 이를 받아들일 여건이 전혀 되어 있지 않다. 수백년 동안 내려온 단일민족의 순혈주의가 국민 뇌리 속에 깊이 뿌리박혀 있어 타문화, 외지인에 대한 경계심이 적지 않다. 게다가 자국의 내전을 피해온 이들 예멘인들이 무슬림이기 때문에 더욱 거부감이 크다. 이들의 난민 수용을 반대하는 측에서는 이들이 일자리를 찾아온 가짜 난민이라고 주장하고 있고 심지어는 테러리스트가 될 수 있다고 경고한다.

결국은 이상과 현실이 충돌하는 양상이다. 결혼 이주자 및 이주 노동자를 포함해 국내 다문화가정 인구수가 100만명을 상회하는 상황에서 한국 정부는 국제사회에서 인정받는 선진 개방국가가 되기를 희망한다. 난민법 제정은 그런 이유에서였고 우리는 국제난민협약에도 가입한 상태다. 소위 말하는 3D 업종에서는 사람 구하기가 어렵고 농촌에서는 신부감 구하기가 힘든 상황에서 개방은 어쩔 수 없는 선택이었고 개방한 마당에는 이들의 인권을 보호하고 우리사회의 일원으로 받아주어야 하는 것이다. 정부뿐 아니라 시민단체, 종교단체들도 이들의 권익을 위해 노력하고 난민 지위 향상을 위해서도 앞장서고 있다.

그러나 그것은 어디까지나 이상을 앞세운 구호이고 정책이지 일반 국민들이 느끼는 정서와는 큰 거리가 있어 보인다. 갈수록 침체되는 국내 경기와 일자리 부족의 상황에서 이민자나 난민에 대한 일반인의 피해의식은 갈수록 커지고 있다. 범죄 등 여러 사회 문제에 대한 우려도 끊이지 않는다. 특히 난민의 경우 정치나 종교적 박해를 피해 온 경우에 난민 지위를 받는 것이 일반적인데 현재 난민 신청을 한 예멘인들은 그보다는 일자리 등 경제적 이유로 입국했다는 것이 반대론자들의 견해이다. 실제로 일부 난민 신청자들이 브로커를 통해 일자리를 구한다는 보도까지 나오고 있는 실정이다.

난민 수용을 반대하는 더 큰 이유는 한국인 특유의 순혈주의이다. 오랫동안 단일민족으로 살아오며 수없이 외침을 받아온 과거 때문에 외부인에 대해 유독 경계심이 높은 우리에게 피부색 다르고 말이 다른 사람들과 같이 사는 것은 쉬운 일이 아니다. 아무리 세계화가 확산되고 지구촌이 좁아져도 쉽게 변하지 않은 국민 정서다. 특히 우리보다 못 사는 나라에서 온 사람들에 대해서는 이런 적대감이 더욱 확연하다. 이런 마당에 지금 당장 구미 선진국 수준으로 우리의 문호를 개방한다는 것은 다소 성급하다고 할 수 있다. 그것이 종국에 우리가 지향해야 할 바이기는 하지만 문제는 속도이다. 어느 정도 국민 의식의 변화 속도에 맞추어 정책을 추진해야 부작용을 줄이고 사회적 비용을 아낄 수 있다.

이를 위해서는 외국의 이민 및 난민 수용 정책을 살펴볼 필요가 있다. 학자들은 이민자 수용 모델을 네 단계로 나누어 각국의 이민 정책을 분류하고 있는데 첫 단계가 차별 및 배제, 두 번째가 동화, 세 번째가 통합, 그리고 네 번째가 다문화주의이다. 차별 및 배제는 임시적으로 노동시장에 이주민을 허용하나 시민권 등은 허용하지 않고 철저하게 구분시키는 경우로 일본이 여기에 해당한다. 동화의 경우는 주류사회에는 편입시키지만 이민자들이 그들 고유의 언어적, 문화적 특성을 포기하게 하는 경우로 한국이 여기에 해당한다고 볼 수 있다. 통합은 어느 정도 문화적 특성을 허용하지만 최종적으로는 지배문화로 흡수시키는 경우로 미국이 여기에 속한다고 할 수 있다. 마지막으로 다문화주의는 이민자들이 그들의 고유 문화를 유지하면서 주류사회에 동등하게 참여하는 경우로 캐나다가 대표적이다.

이러한 단계별 분류에서 알 수 있듯이 한국의 경우는 이제 막 이민 및 난민을 수용하기 시작하여 우리 사회로 동화시키려는 단계이고 구미 선진국처럼 통합이나 다문화주의로 가려면 아직도 많은 단계를 거쳐야 한다. 그런 단계로 가기 위해서는 많은 법적, 제도적 조치가 따라야 하고 이러한 법 제도가 악용되지 않도록 하려는 노력이 필요하다. 그러나 더욱 중요한 것은 국민 계도일 것이다. 21세기 지구촌 시대에 한 나라가 문을 걸어 잠그고 자기들끼리만 산다는 것이 더 이상은 불가능하다는 점을 국민들에게 주지시켜야 하는 것이다. 현재 750만명에 달하는 우리 민족이 미국, 일본, 중앙아시아 등 전 세계에 퍼져 살고 있는 상황에서 우리도 남들과 같이 살아야 한다는 점을 아는 것이 중요하다.

아주경제 2018년 6월 28일

청년 실업 문제와 해외 진출

올해 여름은 우리에게는 정말 잊고 싶은 시간이었다. 기록적인 폭염 그리고 추락하는 경제 등 유쾌한 소식은 없었다. 특히 고용상황은 정말 심각하다. 지난 7월 취업자가 전년 대비 단 5,000명 증가하는 데 그쳐 2010년 이후 최악의 실적을 보였다. 정부는 인구 감소, 폭염 등 불가피한 외부 요인으로 그 이유를 돌리는 반면 야권에서는 최저임금 인상이나 주 52시간 근무제 도입 등 내부 정책적인 이유를 들고 있다. 정확한 이유를 당장 규명하기는 쉽지 않다. 좀 더 시간을 두고 분석해야 할 것이다. 그러나 확실한 것은 이러한 소식들이 많은 한국인, 특히 젊은 층에게 심한 자괴감과 패배감을 안겨준다는 것이다. 학교에서 만나는 많은 학생들에게서 보이는 것은 절망 그 자체이다.

이에 대한 해답을 찾기 위해 많은 노력들이 벌어지고 있다. 소득주도 성장론을 바탕으로 정부의 재정기능을 확충하고 공공분야의 일자리를 늘리기 위한 시도가 이뤄지고 있다. 또한 위기에 처한 자영업자와 소상공인들을 지원하기 위한 각종 정책이 발표되고 있다. 기업의 투자를 독려하여 민간 부문 일자리를 확충하려는 노력도 벌어지고 있다. 문제는 이러한 노력이 과연 원하는 성과를 거둘까 하는 점이다. 새 정부 출범 후 이제 1년이 조금 지난 시점에서 좀 더 기다려 봐야 한다는 의견이 있다. 그러나 갈수록 많은 전문가들이 이에 대해 회의적으로 돌아서고 있는 것이 사실이다. 특히 청년층의 취업난이 우리나라만의 문제가 아닌 전 세계적인 현상이고 이를 타개하기 위한 우리의 많은 정책이 과거에 번번이 실패했기 때문이다.

필자가 보기에 해답은 외국에 있는 것 같다. 최근 한 졸업생의 경우에서 이를 확인할 수 있었다. 이 학생은 남들보다 실력도 출중하고 열정도 넘치는데도 불구하고 국내에서 취업에 번번이 실패한 바 있다. 수많은 좌절 끝에 거의 자포자기 심정으로 독일행 비행기에 올랐다. '워킹 홀리데이(working holiday)' 명목으로 떠났지만 사실은 조금 도피성이었고 어쨌든 한국을 탈출하자는 심정이었으리라. 독일어도 아직 유창하지 않았고 현지에 대한 준비도 부족한 상태였다. 그런데 놀랍게도 출국 후 불과 몇 개월 만에 한국의 유수한 재벌 기업의 현지 지사에 취직했다는 소식을 알려왔다. 물론 행운도 따른 취업이었겠지만 필자에게는 가뭄 끝 한 줄기 비처럼 시원하고 유쾌한 소식이었다.

그것은 이런 경우가 그 학생에게만 국한되지 않기 때문이다. 최근 들려오는 졸업생들의 즐거운 취업 소식은 해외에서 오는 경우가 많다. 국내에서 전임 교수 임용되는 것이 하늘의 별 따기인 현 상황에서 영국에서 전임 교수직을 받은 한 졸업생. 국내에서 외교관이 되는 것이 바늘구멍에 들어가는 것처럼 어려운 마당에 싱가포르 주재 한국 대사관에 취직한 졸업생. 그 밖에도 많은 졸업생들이 해외 다국적기업, 국제기구 등에 직장을 얻어 자랑스러운 소식을 전하는 경우가 많다. 이탈리아 로마에 위치한 식량 관련 유엔기구에 취업한 학생도 있다. 국내에서 취업을 위해 고생고생하는 젊은이들에게는 한 줄기 단비 같은 소식이 아닐 수 없다.

이는 필자가 최근 해외 여행을 다니면서도 눈으로 직접 확인한 바이다. 얼마 전 싱가포르에서는 호텔 등 서비스 업종에서 많은 한국인 종업원들을 발견할 수 있었다. 한 호텔 카운터에서 근무하는 한국 여성은 아직 대학 졸업도 하지 않았으나 일자리를 구할 수 있었고 이에 대단히 만족해하고 있었다. 이 여성은 비싼 싱가포르 물가 때문에 큰돈을 모을 수는 없지만 영어 실력을 늘리고 경험을 쌓을 수 있는 좋은 기회라고 느끼고 있었다. 미국에서도 이런 경우는 많았다. 국내에서 수많은 식당들이 실패하고 폐업을 거듭하는 상황에서 많은 젊은 한국인들이 미국에서 식당 사업에 도전해 성공하고 있었다. 미국의 수도 워싱턴 DC에서 소규모 델리를 운영하고 있는 한 청년은 "한국은 식자재 값이 비싸고 서비스 값이 저렴한데 비해 여기는 반대로 식자재 값이 싸고 서비스 값이 후하기 때문 성공하게 된다"고 설명했다.

꼭 해외에 나가지 않더라도 기회는 있다. 한국에 진출한 다국적기업이나 국제기구, 혹은 외국 대사관에 진출하는 것이다. 최근 졸업생들 중에 미국계 증권회사, 독일계 자동차회사 등 유수한 다국적기업의 서울

지사에 근무하는 경우가 늘고 있다. 인천 송도의 세계은행 한국 사무소, 유네스코 서울 사무소나 국제적인 NGO의 한국 지부에 취업하는 졸업생이 늘고 있다. 주한 미국 대사관, 캐나다 대사관 등에서 근무하는 경우도 있다. 이들 중 많은 졸업생이 국내 기업이나 공공 기관의 취업문을 두드리다 실패하고 외국계로 눈을 돌려 성공한 케이스다.

물론 해외 취업이 쉬운 것만은 아니다. 뛰어난 외국어 실력은 기본이고 다국적·다문화 상황에 쉽게 적응할 수 있는 능력 등 여러 가지가 필요하다. 특히 다른 것을 받아들이고 타인에 대해 공감(empathy)하는 능력이 절실하다. 한국의 경직된 교육제도 하에서는 얻기 힘든 자질이다. 그러나 한국 젊은이들의 잠재력은 충분하다. 워낙 치열한 국내의 경쟁 상황을 겪어 보았기 때문에 외국 젊은이들과의 경쟁에서는 뒤처지지 않는다. 약간의 준비와 자신감, 그리고 주변과 사회의 지원과 격려가 있다면 충분히 가능한 일이다. 특히 정부 차원에서 이러한 지원을 뒷받침해 준다면 효과가 있을 것이다. 언론에서도 이를 장려하고 필요한 정보를 제공해 주는 것도 필요한 조치이다. 그래야만 이 더운 여름날을 이길 수 있는 시원한 청량제 같은 소식을 더욱 많이 접하게 될 것이다.

아주경제 2018년 8월 21일

트럼프 대통령과 한국의 운명

최근 한국 정부는 북한을 세계 무대에 끌어들이기 위해 안간힘을 쓰고 있다. 남북 관계 개선은 물론 장기적으로 평화 통일을 도모하기 위해서는 국제사회가 북한을 더 이상 깡패 국가가 아닌 정상 국가로 인식하는 것이 중요하기 때문이다. 특히 이를 위해서는 미국 정부가 북한과의 적대 관계를 청산하고 대화 및 협력의 시대로 나아가야 한다고 한국 정부는 믿고 있다. 그래서 문재인 대통령은 어떻게 해서라도 트럼프 대통령과 김정은 위원장이 서로 신뢰하는 친구 같은 사이가 되도록 백방으로 노력하고 있다. 마치 부부 싸움이 한창인 부부가 억지로라도 화해하도록 남편과 아내의 손을 잡아끌어서 서로 맞잡게 하려는 이웃집 아저씨 같은 모습이다.

트럼프 대통령과 김 위원장 사이에서 일종의 중매꾼 노릇을 하는 문 대통령의 모습은 어찌 보면 눈물겹기까지 하다. 그만큼 한국이라는 조그만 나라의 운명이 세계 초강대국 미국 지도자의 손에 달려 있기 때문일 것이다. 오죽하면 문 대통령은 한반도 평화에 기여한 공로로 트럼프 대통령이 노벨 평화상을 받아야 한다고 그를 치켜세우기까지 했겠는가. 최근에도 기회 있을 때마다 한반도의 긍정적인 정세 변화는 트럼프 대통령 때문이라며 그에 대한 칭찬을 아끼지 않는다.

문 대통령이 트럼프 대통령을 칭송하고 그의 협조와 호의를 얻기 위해 많은 찬사를 퍼붓고 있지만 세계가 트럼프 대통령을 대하는 태도는 사뭇 다르다. 취임 때부터 미국 우선주의를 부르짖으며 철저하게 자국의 이익만을 추구하는 트럼프의 외교 정책에 대해 갈수록 비판이 커지고 있다. 전통적인 우방 국가들을 폄하하고 오히려 과거의 적들을 치켜세우는가 하면 미국이 주도해서 탄생한 세계의 질서를 그 뿌리부터 흔들기를 주저하지 않는다. 국제 협력이나 다자주의보다는 국수주의와 일방주의를 선호한다. 자국이 서명했던 기후 협약이나 통상 협정을 파기하고 유네스코, 유엔인권위, 국제사법재판소 등 국제기구를 탈퇴했거나 탈퇴하려고 한다. 또한 국제 원조나 교류 지원 등 과거 미국 정부의 대표적인 외교 프로그램들을 중단하거나 감축했다.

이 때문에 많은 나라의 지도자들이 트럼프 대통령에게 등을 돌리고 있다. 지난주 유엔 총회에서 트럼프 대통령이 개막 연설을 할 때, 이는 극명하게 나타났다. 그는 연설 초반부터 특유의 자신만만한 태도로 자신의 치적을 과시했다. 지난 2년간 자신이 이룬 성과는 역사적으로 유례가 없다는 다소 생뚱맞은 연설에 좌중은 갑자기 웃음바다가 되었다. 그의 말이 그 자리 분위기에 맞지 않기도 했지만 그보다는 청중들이 그의 말에 공감하지 않았던 것이 더 큰 이유였을 것이다. 예상치 않은 청중 반응에 겸연쩍어진 트럼프는 웃음으로 대강 얼버무렸지만 그 망신스러운 장면은 전 세계로 중계되었다.

기존의 협력적인 세계 질서와 세계화를 부정하고 고립주의와 자국이익주의로 치닫는 트럼프 대통령에 대한 국제사회의 평가는 부정적일 수밖에 없다. 그의 유엔 연설 후 같은 자리에서 프랑스의 마크롱 대통령은 곧바로 이러한 고립주의를 비판하고 더 많은 국제 협력을 강조했다. 독일의 메르켈 총리도 과거에 여러 번 트럼프 대통령의 일방주의를 비난했다. 미국의 나토 방위비 부담이 너무 크다는 이유로 나토에 대해 공격하는 트럼프 대통령에 대해 유럽의 단결을 강조하기도 했다. 전 세계 무역의 근간이 되는 세계무역기구(WTO)나 자유무역을 미국에 불이익을 준다는 이유로 거부하고 보호무역주의를 강조하는 트럼프 대통령에 대해 심지어는 중국도 비판을 가하고 있다. 전통적으로 보호무역을 옹호했던 중국이 자유무역을 주창하고, 전통적으로 자유무역을 추구했던 미국이 보호무역을 펼치는 아이러니한 상황이 된 것이다.

미국이 국제사회에서 갈수록 신뢰를 잃고 친구를 잃는 상황에서 트럼프 지지자들 사이에서 그의 인기는 오히려 높아가고 있다. 그도 그럴 것이 철저하게 자국 이익을 앞세우는 그의 정책이 자신들에게 도움을 준다고 느끼는 미국인들은 이를 마다할 이유가 없다. 철저하게 이해득실을 따져서 정책을 수립하고 집행하는 그의 장사꾼적인 기질이 미국을 더 부강하게 만들 것이라는 생각에서이다. 따지고 보면 트럼프 대통령이 한반도 정세와 관련해서 보인 최근의 행보도 철저한 계산에 따른 것이다. 한편으로 남북 관계 분야에서 협조해 주면서 다른 한편으로 무역이나 방위비 분담 분야에서는 한국에 더 많은 요구를 하여 실익을 챙기고 있는 것이다. 또한 한반도 비핵화와 종전 선언을 위해 노력한다는 자신의 모습은 분명 11월 중간선거에서 자신에게 유리하게 작용할 것이라는 계산이 있을 것이다.

그런 점에서 트럼프 대통령의 선의를 너무 믿고 기대하는 것은 순진한 생각일 것이다. 현실주의에 바탕을 둔 그의 세계관은 처절한 비즈니스 세계에서의 약육강식 과정을 지켜보며 구축된 것이다. 다행히도 그의 동물적인 직관과 본능적인 감각에 따른 최근의 행보가 남북관계 개선 및 한반도 화해 무드에는 도움이 되었다. 그러나 트럼프 대통령 특유의 즉흥성과 변덕이 또 언제 이러한 상황을 뒤엎을지는 알 수 없다. 그가 북한을 완전히 파괴하겠다고 경고한 것이 불과 1년 전이다. 또한 트럼프 대통령이 영원히 그 자리에 있는 것은 아니다. 2년 후 임기가 끝나면 다른 대통령이 올 수 있고 그 경우 트럼프 대통령 개인을 통해 이뤄낸 성과들은 파기되거나 수정될 수 있다. 그럼에도 불구하고 한국은 그에게 매달릴 수밖에 없다는 것이 슬픈 현실이다.

아주경제 2018년 10월 1일

미국 선거와 미디어

2004년 7월 미국 민주당 전당 대회에서 당시 일리노이주 상원의원이던 오바마 전 미국 대통령은 20분 남짓한 연설을 통해 무명의 지방 정치인에서 일약 전국적인 스타로 떠올랐다. 존 케리 당시 민주당 대통령 후보를 위한 지지 연설에서 오바마는 지금까지 회자되는 유명한 연설로 미국민의 마음을 사로잡았다. "진보적인 미국은 없습니다. 보수적인 미국도 없습니다. 오직 미 합중국이 있을 뿐입니다"라고 그는 호소했다. "흑인의 미국은 없습니다. 백인계 미국도, 라틴계 미국도, 아시아계 미국도 없습니다. 오직 미 합중국이 있을 뿐입니다." 그 당시 이념과 인종으로 갈라져 있던 미국 사회의 단결과 화합을 부르짖은 이 연설을 통해 오바마는 하루아침에 존 케리 후보만큼 유명한 사람이 되었고 결국 4년 후 미국 대통령으로 당선되었다.

14년이 지난 지금 미국 사회는 어떠한가? 오바마 대통령이 원했듯이 미국 사회는 이념과 인종의 갈등을 극복하고 단결된 사회가 되었는가? 이번 주 미국 중간선거 결과를 보면 전혀 그렇지 않다는 생각이 든다. 오히려 그때보다 더 갈라지고 분열된 미국의 모습을 보게 된다. 먼저 의회는 민주, 공화 양당이 나눠 갖게 되었다. 상원은 공화당의 지배가 계속되고, 하원은 8년 만에 민주당이 다수당 지위를 되찾게 되었다. 이것이 의미하는 바는 자명하다. 향후 2년간 트럼프 대통령이 임기를 마칠 때까지 모든 정책에 있어 양당은 사사건건 대립할 것이고 어느 사안에 대해서도 쉽게 합의를 이루기는 어렵게 될 것이다. 국내나 외교 문제에 있어서 대립과 갈등은 증폭되어 일종의 교착 상태에 빠질 경우가 많을 것이다.

더 심각한 것은 이번 선거에서 보여준 미국민들의 대립 양상이다. 민주당은 예상대로 대도시의 젊은 유권자, 특히 유색인종이나 여성의 표를 쓸어담았다. 반면 공화당은 시골이나 농촌 지역의 중년층 백인 남성의 표를 대거 얻었다. 양측 모두 이번 선거에 지대한 관심을 보여 엄청나게 높은 투표율을 보였다. 그 주된 이유는 트럼프 대통령이었다. 민주당 지지자들은 트럼프 대통령에 대한 반감 때문에 주로 결집했고, 공화당 지지자들은 그에 대한 변함없는 애정으로 투표장에 몰려들었다. 트럼프 대통령에 대한 이들의 상반된 의견을 텔레비전 뉴스 인터뷰를 통해 들어보면, 이들은 마치 전혀 다른 두 개의 세계에 살고 있는 사람들처럼 보인다. 미국이라는 같은 나라에 살고 있다는 것이 도저히 믿어지지 않는다.

이렇게 미국 사회가 갈라지고 분열되는 이유는 무엇일까? 정보화와 세계화가 아마 가장 큰 이유가 될 것이다. 정보화와 세계화 속에서 세상은 급변하는데, 여기에는 승자와 패자가 명확하게 갈라진다. 예를 들어 정보통신과 서비스 산업의 발달로 실리콘밸리와 기술산업 의존 벨트는 크나큰 혜택을 누리는 반면, 자동차·철강 등 전통산업에 의존하던 러스트 벨트는 급격히 피폐해졌다. 국제 무역 및 금융 등 세계화를 통해 엄청난 이익을 누리는 분야가 있는가 하면, 국내 시장에만 의존하다 쇠락하는 분야도 있다. 일자리에 있어서도 증가하는 이민자들을 통해 혜택을 누리는 기업들이 있고 그 때문에 손해를 보는 기업들도 있다. 이런 이유로 해서 미국 사회가 분열되는 것은 어찌 보면 당연한 일이고, 이런 현상은 미국뿐 아니라 한국 등 세계 곳곳에서 볼 수 있다.

그러나 이러한 분열과 대립을 더욱 부채질하는 또 다른 이유가 있다. 그것은 바로 미디어의 분열과 분화이다. 기술의 발달로 인해 현대 미디어는 끊임없이 발전하고 분화되고 있다. 신문·방송·인터넷 등 매체의 수는 기하급수적으로 증가하고 있고, 이들 매체는 더 이상 폭넓은 시청자나 독자들을 겨냥해서는 경쟁에서 살아남을 수가 없다. 더 이상 광범위한 브로드캐스팅(broadcasting)을 하기가 어렵고 좁지만 충성스런 시청자나 독자를 겨냥해서 내로우캐스팅(narrowcasting)을 해야만 생존할 수 있다. 진보적인 매체라면 진보성을 더욱 강화해서 충성스런 진보적 시청자와 독자를 계속 잡고 있어야 하고, 보수적인 매체라면 그 반대를 겨냥해야 한다. 중도를 표방하고 어중간하게 가운데 있다가는 양쪽의 고객을 모두 놓치는 우를 범하게 된다.

그런 이유로 뉴욕타임스·CNN·MSNBC와 같은 진보적인 미디어는 더욱 선명한 진보 색채를 갖게 되고, 브라이트바트(Breitbart)·폭스뉴스·월스트리트저널 같은 보수 매체는 더욱 보수적인 논조로 향하고 있다. 물론 트럼프 대통령이 이런 현상을 더욱 가속화한 면이 있다. 트럼프가 CNN 등 진보 매체를 '가짜 뉴스'로 규정하고 공공의 적으로 몰고 가는 상황에서 트럼프를 싫어하는 미국민들은 오히려 이들 매체의 더욱 충성스런 시청자가 되고 있다. 반면 트럼프 지지자들은 트럼프가 애청하고 독점 인터뷰 기회를 수시로 제공하는 폭스뉴스를 더욱 시청하게 된다. 시청률과 구독률에 목을 매는 언론사로서는 이러한 상황에서 쉽게 자신의 정파성을 바꿀 수가 없는 상황인 것이다.

한국의 상황도 이와 크게 다르지는 않다. 오히려 더하면 더하다고 할 수 있을 것이다. 보수층을 대변하는 주요 중앙 일간지와 진보층을 대변하는 공중파 방송 및 인터넷 매체의 대결은 벌써 오래전부터 지속되어 왔다. 물론 정권이 바뀔 때마다 공중파 방송의 논조는 수시로 바뀌어 왔지만 현 진보 정권에서 공중파 방송의 진보적인 색채는 누구도 부인하기 어렵다. 문제는 이러한 미디어의 대립이 한국 사회를 어느 방향으로 이끌어갈 것인가 하는 점이다. 미국처럼 인종 갈등도 없지만 이념에 있어서는 미국보다 더욱 첨예하게 대립되어 있는 것이 한국 사회이다. 이렇게 갈가리 갈라진 한국 사회를 화합과 통합으로 이끌어갈 수 있는 진정한 불편부당한 언론의 출현을 기대한다는 것은 과연 지나친 욕심일까?

아주경제 2018년 11월 8일

국가부도와 IMF

최근 '국가부도의 날'이라는 영화가 많은 관객을 모은다고 한다. 1997년 한국이 외환위기를 맞아 국제통화기금(IMF)에 긴급 구제 금융을 요청하여 가까스로 국가부도를 면하는 상황을 영화로 만들었다. 영화 속 많은 부분이 사실과 다른 점이 지적된다. 한국의 공무원들이 정리해고를 쉽게 하고 승자독식을 추구하는 신자유주의 경제를 받아들이기 위해 암암리에 IMF행을 부추겼다는 내용이 특히 논란의 대상이 된다. 한국은행은 이를 막기 위해 부단한 노력을 기울였으나 결국은 IMF행이 결정되고 이로 인해 한국 경제는 급격하게 신자유주의 경제로 바뀌어 많은 회사가 도산하고, 대량 실업자가 생기며 부자만 잘사는 불평등한 세상이 되었다는 얘기다.

영화의 흥행을 위해서는 상당히 어필하는 얘기지만 외환위기와 관련한 많은 기록을 보면 사실과는 많이 다르다고 한다. 한국의 공무원들 역시 IMF행을 막기 위해 끝까지 노력했고, 한국은행이 특별히 경제주권을 지키기 위해 투쟁한 증거도 없다고 한다. 외환위기 당시 외신에서 경제 기자를 하던 필자의 기억으로도 그렇다. 문제는 이런 스토리가 영화팬들에게 강력하게 어필하는 한국의 특수한 상황이다. 다분히 민족주의적인 국민정서 때문에 외부 세력이 우리에게 압력을 가하고 정책에 간섭한 것에 대해 심한 거부감이 드러나고 있다. IMF가 구제 금융을 제공하는 조건으로 고금리·긴축재정 등 고통스러운 정책을 강요했고, 한국 정부는 경제주권을 빼앗긴 채 이를 그대로 수용할 수밖에 없었다는 점, 그리고 그로 인해 대량 실업과 경제 양극화가 가속화되었다는 점이 IMF로 대표되는 국제경제 체제에 대한 반감으로 나타난다.

사실 미국과 일부 유럽 국가가 IMF를 장악하고 이들은 단기 차익을 노리고 신흥국들을 먹잇감으로 사냥하는 투기 펀드들에게 많은 기회를 제공한다는 점은 현 세계 경제 질서의 큰 문제로 지적된다. IMF 수장은 언제나 유럽인이고, 세계 경제 체제의 또 다른 축인 월드뱅크(WB)의 수장은 언제나 미국인이란 점이 이를 잘 보여준다. 한국인이 자랑으로 느끼는 WB의 김용 총재도 결국은 미국시민이지 한국시민은 아니다. 2차대전 직후 미국 뉴저지 주의 브레튼우즈라는 작은 도시에서 결정된 현 세계 경제 금융 질서는 사실 서방의 강대국들이 정한 게임 규칙에 따라 힘없는 약소국들이 맹목적으로 쫓아가는 불평등한 구조이다.

그래서 외환위기 직후 한국민들에게 IMF는 무서운 저승사자이며 무자비한 폭군이었다. 영화에서 IMF의 한 관리가 거만하게 한국 관리들에게 군림하는 장면은 이런 정서를 반영한다. 그 당시 IMF는 I Am Fired(나는 해고 됐어) 혹은 I Am Fucked(나는 망했어)라는 자조 섞인 은어로 표현되었다. IMF 메뉴가 유행했고, 건물 엘리베이터에는 IMF라는 표시를 붙여 전기를 절약하고 계단을 사용하도록 유도하기도 했다.

IMF 및 서방 주도 세계 경제 체제에 대한 이러한 거부감은 물론 근거가 있는 것이지만 문제는 한국 같이 작고 개방된 경제가 이런 체제를 거부할 수 없다는 점이다. 그 당시 아시아 외환위기 때 말레이시아 같은 국가는 IMF의 도움을 거절하고 자력으로 위기를 넘겼다. 자원이 풍부하고 무역 의존도가 낮은 나라이기 때문에 가능했다. 그러나 한국의 경우는 달랐다. 자원도 부족하고 무역 의존도가 세계 최고 수준으로 높은 상태에서 IMF를 거부했다면 순식간에 온 국가의 부도사태가 났을 것이고 우리의 삶은 지금보다 더욱 어려웠을 것이다. 한국이 오래전부터 수출 주도 성장을 해왔고 한국 기업이 세계 시장을 목표로 했기 때문에 싫어도 세계 경제 질서를 좇아가야 하는 것이다.

중요한 것은 세계 경제의 불공정성에도 불구하고 어떻게 이 체제를 잘 이용해 우리의 목표를 달성하느냐 하는 것이다. 사실 1997~1998년 외환 위기를 겪었기 때문에 한국 경제는 2007~2008년 월가에서 시작해서 전 세계를 뒤덮은 세계 경제 위기 때 상대적으로 쉽게 이를 이겨낸 바 있다. 당시 정부 관리들은 10년 전 사용했던 매뉴얼에 따라 경제 정책을 집행했고 이 때문에 시행착오를 줄일 수 있었다. 또한 IMF의 주문대로 기업들도 부채를 줄이고 체질 개선을 했기 때문에 더욱 용이하게 위기 극복을 할 수가 있었다.

또 한 가지 IMF 외환위기 때 한국이 배운 점이 있다. 그 당시 한국 경제와 기업에는 많은 문제점이 있었지만 더 문제가 된 것은 한국에 대한 국제 사회의 신뢰도였다. 외환 등 금융 정보 개방을 거부하고 상황에 대해 솔직한 설명을 게을리한 것이다. 외부를 항상 의심의 눈초리로 바라보았고 이 때문에 비밀주의가 팽배했다. 이 때문에 국제사회에서는 한국을 믿을 수 없는 국가로 보았고 결국 신뢰성의 위기가 온 것이다. 외국 자금은 순식간에 빠져나갔고 주식은 폭락하고 환율은 폭등했다.

20년이 지난 지금 한국은 물론 크게 변했다. 더 이상 중요 금융 경제 정보를 감추거나 속이지 않는다. 국제사회의 신뢰를 얻기 위해 계속적인 노력을 한다. 경제 관리들은 정책이 바뀔 때마다 신속하게 외국인 투자자들에게 이를 알리고 이해를 구한다. 기업들도 마찬가지이다. 정보를 신속하게 공시하고 투자자 관계에 심혈을 기울인다. 그러나 아직 바뀌지 않은 것이 있다. 국민들이 외국 및 외부에 대해 보이는 민족주의적 거부감이다. 표를 의식하는 정치인이 곧잘 여기에 편승한다. 최근에 문제가 된 영화가 성공하는 이유도 여기에 있다. 그러나 분명한 것이 있다. IMF가 우리에게 고통을 주었지만 우리를 구원했던 것도 사실이다.

아주경제 2018년 12월 10일

2019

Lee Byung Jong's column

고립되는 한국 외교

얼마 전 민간 연구 기관인 아산정책연구원은 자체 세미나에서 2019년 한국 외교의 고립 가능성을 진단했다. "문재인 정부가 북한 일변도 외교에서 탈피하지 않으면 국제 무대에서 고립될 수 있다"는 것이 요지이다. 북핵 외교를 통해 미국과 북한 사이에 중재 외교를 하겠다는 야심찬 계획으로 2018년을 보냈지만 북한을 대화의 테이블로 이끈 것 말고는 별다른 성과가 없는 마당에서 한국 외교에 대한 우려가 커진다. 북한의 비핵화가 바라는 만큼 시원스럽게 진행되지 않는 상황에서 새해에는 미·북 간에 다시 대결 양상이 벌어질 수 있고 여기에서 한국은 양자 택일을 해야 하는 기로에 설 수 있다. 한국이 북한의 편을 들어 미국의 제재 완화를 먼저 요구했기 때문에 한·미 관계가 순탄치 않을 것이고 이 때문에 한국의 중재 역할을 인정하지 않는 코리아 패싱이 일어날 수 있다는 진단이다.

가까이 일본과의 관계는 더욱 심각하다. 해군 광개토대왕함의 일본 초계기 레이더 조준 논란은 양국 관계를 거의 적대국 수준까지 끌어내렸다. 아베 총리는 이를 국내 정치적으로 이용해 지지율 만회를 꾀한다는 분석까지 나온다. 한국 정부도 강경하게 대응하고 있어 양국 간의 응어리가 풀어지는 것은 쉽지 않아 보인다. 물론 그 배경에는 최근 위안부 및 강제 징용 논란이 자리 잡고 있다. 한국 정부의 위안부 합의 파괴, 그리고 대법원의 강제 징용 피해자 승소 판결은 일본의 강력한 반발을 초래했고, 이 연장선 상에서 최근 레이더 조준 문제까지 불거져 나왔다.

중국과의 관계는 어떤가? 사드 배치와 이에 따른 보복으로 악화된 양국 관계는 어느 정도 소강 상태를 보이고 있지만 여전히 봉합된 것은 아니다. 불씨는 여전히 남아 있고, 미·북 관계가 나빠지면 한국은 다시 북한을 지원하는 중국이냐 아니면 혈맹인 미국이냐를 택해야 하는 상황이 될 것이다. 더구나 최근 미·중 간 통상 전쟁의 와중에서 한국의 선택 폭은 더욱 좁아진다. 이미 최대 교역국이 되어버린 중국을 택할 것이냐, 아니면 역시 전통 우방국인 미국을 택할 것인가 하는 기로에 서게 된다. 일본이 최근 발 빠르게 움직이며 중국과 관계 개선을 이뤘고 양국 정상의 교환 방문이 계획된 마당에 한국의 처지는 위태로울 지경이다.

우크라이나와 시리아 사태로 촉발된 미국, 러시아 간의 대결 구도는 신냉전 시대를 초래했고 이 역시 한국에는 크나큰 부담이다. 한·러 관계는 북핵 문제 해결에도 중요한 요소이지만 이 시점에 크게 기대할 바가 없는 것이 현실이다. 러시아와 미국의 대결이 심화될수록 북핵 문제에는 악재가 될 것이기 때문이다.

이렇게 순탄치 않은 주변 4강과의 관계를 보며 혹자는 구한말 한국의 상황을 떠올린다. 4강이 빠르게 이합집산을 벌이는 과정에서 한국이 보이지 않는다는 것이다. 구한말 주변 열강이 세력 각축전을 벌이는 상황에서 손 놓고 넋 놓고 있다가 나라를 빼앗긴 상황을 연상하기도 한다. 한때 국제 무대에서 고립된 북한 외교를 논하던 사람들이 이제는 한국 외교의 고립을 얘기하는 것이 그 이유이다. 주변 4강 외교뿐 아니라 4강을 넘어선 신남방·신북방 정책에 있어서도 아직은 아무런 성과가 보이지 않는다. 요란한 구호 외에 구체적인 실체도 불분명하다.

물론 여러 가지 긍정적인 평가도 가능하다. 북핵 외교를 통해 한반도의 긴장이 완화되었고 남북 간 대화의 물꼬가 트여 평화의 분위기가 어느 정도 감지된다. 문재인 대통령은 지난 한 해 이를 위해 전력투구를 했고 지구 몇 바퀴를 도는 일정으로 순방을 다니며 4강을 비롯한 각국 수반들과 정상외교를 펼쳤다. 남북 회담에 이어 북·미 회담을 주선했고 이를 통해 새 전기를 마련했다는 평가를 듣는다.

그러나 이러한 분위기가 얼마나 지속될지는 아무도 속단하기 어렵다. 지난 김대중·노무현 정부 때도 이 정도까지 평화의 분위기가 진전된 바 있었다. 울브라이트 당시 미국 국무장관은 평양을 방문해서 대화의 기반을 다졌고, 클린턴 대통령은 임기 말 평양 방문을 계획하고 있었다. 남북 관계도 해빙의 무드를 타고 있었고 금강산 관광, 개성공단 등 실질적인 성과가 있었다. 그러나 이러한 화해의 분위기는 순식간에 대결의 구도로 바뀌었고, 이 후에 찾아온 한반도 긴장은 그 이전보다 훨씬 수위가 높아진 바 있다.

그런 면에서 북핵 외교에 올인하는 현재 문재인 정부의 외교는 많은 위험성을 안고 있다. 잘되면 대박이지만 못 되면 쪽박이라는 세간의 평가가 전혀 과하지 않다. 그것은 한국 외교의 기본 구도가 북한 문제에 종속되어 있기 때문이다. 아산정책연구원의 신범철 안보통일센터장은 앞서 언급한 세미나에서 "자유주의적 기본 질서 속에서 대북 정책을 전개해야 하나 대북 정책에 맞춰 대외정책을 변화시켜서는 안 된다"고 지적한 바 있다. 다시 말해 북한을 모든 외교 정책의 근간으로 삼고 그보다 중요한 우리의 가치 및 이념을 부속물로 보는 오류를 범하고 있다.

그 밖에도 한국 외교부의 문제도 지적된다. 지난 정부 시절에 핵심 역할을 해 오던 미국통·일본통 외교관들이 대거 후퇴한 것이 좋은 예이다. 이들 핵심 인력은 전 정부의 적폐 세력으로 몰려 옷을 벗거나 한직으로 물러났다. 이 때문에 미국, 일본을 아는 외교 인력이 드물고 이는 곧 서투른 외교로 나타난다. 한·일관계가 악화되고 한·미동맹도 약화되는 것이 이를 잘 증명한다.

얼마 전 반기문 전 유엔사무총장은 한국 외교 문제를 지적하며 자질 없는 4강 대사를 공식적으로 언급한 바 있다. 전문성이 없거나 언어 능력이 부족한 것을 큰 문제로 삼았다. 특히 현지어나 영어 구사가 어려운 인사가 4강 대사로 나가 있는 점을 개탄했다. 외교가에 따르면 미국같이 강대국 대사가 아닌 경우 언어 능력이 없는 대사들은 현지에서 고립된다고 한다. 고립되는 한국 외교를 상징적으로 보여주는 사례인 것 같아 안타깝다.

아주경제 2019년 1월 8일

하노이 회담 개방박두...
核心없는 보따리?

이번 주 두 번째 정상회담을 위해 베트남 하노이에서 만나는 미국의 트럼프 대통령과 북한의 김정일 위원장은 뭔가 큼지막한 합의를 이루기 위해 상당히 노력할 것으로 보인다. 비핵화와 평화를 두 지도자가 진정으로 원해서라기보다는 국내의 골치 아픈 상황 때문에 뭔가 돌파구를 찾고 싶은 간절한 마음 때문이다. 주지하다시피 트럼프 대통령은 현재 국내에서 상당한 곤경에 처해 있다. 러시아와 내통 의혹에 대한 특검의 발표가 임박했고 멕시코 국경 장벽 설치 문제로 민주당과 대치하다 급기야는 국가 비상사태를 선포하기에 이르렀다. 김정일 위원장 역시 마찬가지이다. 계속되는 국제 제재와 실정 때문에 경제는 갈수록 피폐하고 이는 자신의 지지 기반을 흔드는 큰 위험 요소가 되고 있다.

이런 상황에서 미, 북의 두 지도자가 과연 어떤 합의에 도달할까?

많은 전문가들에 따르면 문제의 근본적인 해결보다는 적당한 선에서의 타협이다. 뭔가 보여 줘야 한다는 조급함 때문에 섣부른 합의에 이르는 것도 가능해 보인다. 미국 행정부가 오래 주장하던 북한의 완전한 비핵화보다는 적당한 선에서의 핵 동결이 그것이다. 북한 영변의 핵 시설 해체를 위해 외부 사찰을 허용하고 그 외 몇 개 부속 시설들을 해체하고 더 이상의 핵 실험 및 미사일 발사를 당분간 동결하는 수준이다. 트럼프 대통령에게 이는 국내에서 큰 선전거리가 될 수 있다. 더 이상 미국이 북한의 핵 위협에 놓여 있지 않고 이는 순전히 자신의 업적이라고 자랑할 수 있다.

그 대가로 미국은 북한에 가해진 경제 제재를 일부 해제하고 한반도 평화 및 종전 선언을 해줄 수 있을 것이다. 국제 공조를 무너뜨리는 경제 제재의 전면 해제보다는 한국이 원하는 금강산 관광, 개성공단 재개 수준의 해제가 가능할 것이다. 이 정도의 해제가 북한 경제 회생에 결정적 도움을 주지는 못하지만 상당한 부수 효과가 있을 것이다. 먼저 유엔 제재 때문에 몸을 움츠리던 중국이 본격적으로 북한과 교역을 재개하게 될 것이다. 남북한의 교류 협력이 진행되는 마당에 미국이 중국에게 북한과 거래하지 말라고 더 이상 압력을 가하기가 어려울 것이기 때문이다.

또한 김정은 위원장은 북한 주민들에게 평화협정이나 종전선언을 성공적으로 이끌어낸 위대한 지도자로서의 모습으로 각인될 것이다. 자유세계의 최고 권력자인 트럼프 대통령과 대등하게 악수하고 협정서를 교환하는 장면을 통해 그는 자신의 지지 기반을 확고하게 구축할 수 있을 것이다. 자신의 아버지나 할아버지가 해내지 못한 위대한 업적을 이룬 지도자로서의 모습을 과시할 것이다.

미, 북의 지도자들이 자신들의 치적을 과시하며 시중에 떠도는 말대로 노벨평화상까지도 넘볼지 모르는 상황이 오면 가장 중요한 당사국일 수 있는 한국의 위치는 애매해진다. 남북간 교류 협력이 재개되고 전쟁의 긴장 상태가 제거되면 우선은 모두에게 좋은 일이 될 수 있다. 문재인 정부가 원하는 대로 한반도 평화 프로세스가 진행되고 남북한 철도가 연결되며 중고등학생이 평양에 수학여행 가는 날이 올 수도 있을 것이다. 약간의 의구심이 들더라도 우리의 혈맹인 미국이 추진한 협정이기 때문에 믿고 따라가야 할 것이다.

그러나 완전한 비핵화 없이 핵동결 수준에서 얻게 되는 평화는 위험한 평화가 될 수 있다. 한국에 지금처럼 진보 정권이 아니라 보수 정권이 다시 들어서게 되면 남북간 관계는 다시 긴장 대립 상태가 올 수 있다. 미국 역시 트럼프 이후 대통령이 북한의 핵문제를 다시 들고 나올 수 있고 이는 모든 사태를 원점으로 되돌린다. 북한은 여전히 실질적인 핵 보유 국가로 남게 되고 그간 우리는 북한에 시간만 준 꼴이 되고 만다. 평화를 전제로 남북한이 재래식 무기 감축이나 병력 감축, 혹은 주한 미군 감축까지 한 상황이라면 문제는 더욱 심각하다. 한국은 다시 북한의 심각한 위협 속에서 전전긍긍하게 될 것이다.

그러나 어찌 보면 이것은 한국이 안고 살아야 할 영원한 숙제일 수 있다. 그간 20여 년 동안 미국과 서방은 북한의 비핵화를 위해 노력했지만 결국은 실패한 것으로 보이기 때문이다. 수없이 밀고 당기기를 하는 과정에서 북한은 시간을 벌었고 결국은 이미 세계에서 9번째 핵 무기 보유국이 됐다는 것이 많은 전문가들의 관측이다. 이를 북이 포기하는 것은 거의 불가능해 보인다. 이는 북한의 관리들이 서방의 언론이나 전문가들에게 누차 강조한 바이다. 서방과의 약속을 믿고 핵무기를 포기한 리비아의 카다피가 결국은 정권을 빼앗기고 비참한 최후를 맞은 것을 잘 기억하기 때문이다. 얼마 전 미국의 국가정보국 댄 코츠 국장이 상원 청문회에서도 북한이 핵을 포기하지 않을 것이라고 밝힌 바 있고 이로 인해 트럼프 대통령의 노여움을 산 적도 있다.

설사 북한이 비핵화 의지가 있어도 기술적으로 이를 실행하는 것이 쉽지 않다. 영변의 핵시설 자체만 해체하는 데도 최소한 몇 년은 걸린다는 것이 핵과학자들의 판단이다. 그 밖의 모든 핵시설들을 북한은 쉽게 밝히려고 하지 않는다. 이러한 핵 시설 리스트가 미국의 폭격 목표로 사용될 수 있다는 우려에서이다. 반면에 북한이 원하는 제재 해제는 신속히 단행될 수밖에 없다. 금강산 관광이나 개성공단이나 합의가 이뤄지면 바로 재개될 수 있기 때문이다. 종전이나 평화협정도 한번 발표하게 되면 되돌리는 것은 어렵다. 이러한 시차 때문에 북한과의 비핵화 협상이 그동안 어려웠던 것이고 쉬운 해결책을 찾기는 불가능해 보인다.

그런 이유에서 이번 하노이 회담에서는 양국이 적당한 선에서 타협하는 정도의 미완성 합의가 이뤄질 것으로 예측된다. 그러나 현실적인 다른 대안이 없는 상황에서 한국은 이를 받아들일 수밖에 없다. 중요한 것은 핵무기를 완전히 포기하지 않을지도 모르는 북한과 같이 지내는 방법을 터득하는 것이다. 이를 적당히 관리하는 능력이 필요할 것이다. 이를 위해서는 미국과의 동맹 관계를 지속적으로 굳건히 해서 북한이 한국을 상대로 엉뚱한 생각을 하지 못하게 하는 것이다. 주변국, 특히 일본과의 공조도 강화해야 한다. 과거보다 미래를 중시해야 한다. 이런 점에서 이번 회담이 열리는 베트남은 한국에 큰 교훈을 주고 있다. 바로 그들의 실용성이다. 베트남 전쟁의 원수인 미국, 그리고 이를 도와준 한국과의 적대 관계를 청산하고 경제 발전과 국익을 위해 실용 외교를 펼쳐온 베트남은 어쩌면 한국의 지도자들이 배워야 할 국가이다.

아주경제 2019년 2월 26일

말레이 차량공유 '그랩'의 성공신화

지난 겨울 말레이시아 여행 갔을 때 얘기다. 비행기가 쿠알라룸푸르 공항에 새벽 5시에 도착하게 되어 난감한 상황이었다. 목적지인 지인 자택까지 가야하는데 너무 이른 시간이라 픽업을 부탁할 수가 없어서 그랩이라는 카풀 서비스를 이용했다. 공항 내 무료 와이파이를 통해 그랩 모바일 앱에 행선지를 입력했더니 차량 번호, 기사의 사진이 나오고 5분 후면 3번 게이트로 차량이 도착한다는 메시지가 떴다. 정확한 시간에 도착한 소형 승용차를 타니 젊은 기사가 친절하게 맞는다. 낮에는 다른 직장이 있고 밤이나 새벽 시간에 아르바이트로 차량을 모는 청년이었다. 트래픽이 없는데도 1시간 반이 걸리는 먼 거리였지만 요금은 70링기트(약 2만원). 지인의 얘기로는 일반 택시 요금의 반도 안 되는 요금이라 한다. 동남아 시장에서 선풍적인 인기를 끌어 세계 3위 승차공유 서비스 업체로 등장한 그랩의 편의성과 경쟁력을 실감하는 계기였다.

그랩의 위력을 경험한 것은 이때뿐만이 아니었다. 휴양차 쿠알라룸푸르에서 두 시간이나 떨어진 깊은 시골의 여행지를 방문할 때도 그랩을 이용했다. 여행사가 제시한 금액의 반의 반도 안 되는 금액으로 갈 수 있었다. 역시 신속했고 쾌적했다. 인적이 드문 산속 깊은 곳에 자리 잡은 휴양지에서 인근 마을 식당으로 갈 때도 역시 같은 경험을 했다. 낯선 나라 낯선 도시이지만 전혀 낯설지 않게 느껴지게 되었다. 마치 현지인처럼 자유롭게 이동하고 즐길 수 있었던 게 진정한 여행의 자유를 느낄 수 있었다. 택시 운전사와 요금 시비를 벌이지 않아도 되고 대중교통 파악을 위해 고심하지 않아도 되는 것이 너무 편안한 마음이 들었다. 무엇보다 언어의 장벽이 없는 것이 좋았다. 갑자기 말레이시아라는 여행지가 매력적인 행선지가 되어 내년 겨울에도 다시 가고 싶은 생각이 들었다.

첨단 기술을 이용한 혁신적인 서비스 산업, 특히 공유경제 산업은 이처럼 생각지도 못했던 엄청난 파급 효과를 준다는 것을 느끼는 계기였다. 그랩이라는 카풀 서비스가 단지 교통 산업뿐 아니라 관광 등 여타 분야에서 연쇄적인 영향을 미치고 상생의 틀을 마련한다는 점이다. 사실 7년 전 앤서니 턴이라는 젊은 청년이 말레이시아에서 시작한 그랩은 이제 중국의 디디추싱, 미국의 우버에 이어 세계 3대 차량공유서비스로 성장했고 이제 그 영역을 배송, 배달, 보험 등 핀테크에까지 넓히고 있다. 동남아 8개국 336개 도시에서 서비스를 제공 중이고 택시뿐 아니라 오토바이, 리무진 등 다양한 운송 서비스를 제공한다. 이와 힘든 경쟁을 하던 우버는 동남아에서 결국 그랩에 인수되는 지경에 이르렀다.

최근 그랩의 행보는 더욱 빨라졌다. SK텔레콤과 합작법인을 세워 동남아 지도 및 내비게이션 관련 산업에 진입했다. 그간 자신들이 전적으로 의존했던 구글의 지도 및 내비게이션 사업에 도전장을 내민 것이다. 소프트뱅크, 도요타, 현대자동차, 삼성전자 등 세계적인 기업들이 앞다투어 그랩과 손잡고 새로운 산업과 시장을 개척하는 데 열 올리고 있다. 이 모든 대단한 성공이 우리가 아직 낙후하다고 알려진 동남아의 말레이시아에서 한 젊은 청년에 의해서 시작되었다는 것이 놀라울 뿐이다. 창업자이자 CEO인 틴은 자신을 보려고 말레이시아를 방문한 한 지인이 택시에 대한 불만을 늘어놓자 이에 착안해 재빠르게 자신의 사업을 시작했고 결국 성공 신화를 이루었다.

한국의 상황과는 너무도 다르다. 6년 전 우버가 처음 한국에 진출했으나 택시 업자들의 반발과 여러 규제 때문에 철수했다. 이후 다양한 서비스가 시도 되었으나 아직까지도 자리를 잡지 못하고 있다. 지난 3월 택시-카풀 사회적대타협기구가 기나긴 논의 끝에 극적으로 합의안까지 만들었으나 차량 공유경제는 아직 한발도 나아가지 못하고 있다. 합의안 이행을 위한 실무기구뿐 아니라 법개정 작업도 여야간 이견으로 지난주 국회 본회의 안건에 올라가지 못했다. 이는 무엇보다도 기존 업계의 반발을 정부가 해결해 주지 못하는 데 기인한다. 경제나 기술 수준에서 우리보다 훨씬 뒤떨어져 있는 말레이시아가 그랩으로 성공을 하는 마당에 한국의 공유 서비스 산업이 아직 답보 상태를 면하지 못하는 것에 대한 걱정과 탄식이 앞선다. 말레이시아뿐 아니라 중국도 공유경제에 있어 한국보다 훨씬 앞서가는 상황이고 보면 이러한 걱정이 무리한 것은 아니다.

물론 한국의 특수성이 있다. 특히 한국 택시 업계의 열악한 현실은 승차 공유 서비스 발전을 가로막고 있다. 대개의 택시 기사들, 특히 회사 소속 택시 기사들은 아직도 쥐꼬리만 한 수입으로 하루 하루 생계를 유지하는 경우가 많다. 이런 마당에 이들에게 희생을 강요하는 것은 어려운 일이다. 새로운 경쟁자가 이들의 몫을 상당 부분 취할 것이기 때문이다. 차량 공유 서비스가 발전하는 많은 나라의 경우 기본적으로 이런 문제에서 자유롭다. 새로운 경쟁자가 새로운 기술로 시장에 진출한다고 해도 이로 인해 생계가 어렵거나 실직을 하는 사태까지는 오지 않는다. 말레이시아가 여기에 해당한다고 한다.

그렇다고 마냥 넋 놓고 보고만 있을 수는 없다. 전 세계는 지금 첨단 기술을 이용한 공유경제, 나아가서는 AI(인공지능)를 이용한 4차 산업혁명을 통해 새로운 경제 패턴을 형성하고 있다. 여기서 낙오하면 어제의 승자가 오늘의 패자가 되고 성공하면 어제의 패자가 오늘의 승자가 되는 현실이다. 말레이시아가 새로운 승자, 한국이 새로운 패자가 되지 말라는 법이 없다. 문제는 기존 질서의 피해를 최소화 하면서 새로운 질서를 수용하는 유연한 태도와 정책을 수립하는 데 있다. 승차 공유 사업의 경우 새로운 서비스는 도입하되 기존 사업자들의 손해를 당분간은 메꾸어주는 구조가 필요할 것이다. 이를 위한 정부의 지혜로운 정책이 어느 때보다 요구된다.

한국을 방문하는 외국 관광객들이 지적하는 가장 큰 문제는 불친절하고, 바가지 요금을 씌우고 언어가 통하지 않는 택시이다. 인천 공항에서 강원도까지 외국인을 태워주고 수십만원을 받아내 처벌을 받은 택시 기사도 있었다. 이런 와중에 한국 관광산업의 발전을 기대하기는 어렵다. 다른 것보다 관광산업 활성화를 위해서도 승차 공유 사업의 도입이 시급해 보인다.

아주경제 2019년 4월 9일

BTS와 공공외교

필자는 매주 화요일 아침 9시 지구 반대편에 있는 브라질로 강의를 하러 떠난다. 실제로 비행기를 타고 가는 것이 아니라 인터넷을 통해 화상으로 강의를 한다. 강의 내용은 한국의 정치와 경제. 약 30명의 브라질 대학생들이 현지시간 밤 9시에 귀를 종긋 세우고 총총한 눈빛으로 한국의 상황에 대해 약 2시간 경청하고 토론한다. 외교부 산하 국제교류재단 (Korea Foundation)이 공공외교의 일환으로 시행하는 글로벌 e school의 한 과정이다. 10여년 이상 지속된 프로그램으로 그간 다수의 한국 대학교가 전 세계 대학을 대상으로 수 천개의 강좌를 제공해 왔다. 이들 외국 학생들의 한국에 대한 관심과 애정은 대단하다. 얼마 전 강의 때 한 브라질 여학생이 자랑스럽게 밝힌다. 몇 시간 줄을 서서 상파울로에서 개최될 BTS의 월드 투어 콘서트 표를 구했다는 것이다. 마치 복권에라도 당첨된 것처럼 즐거워한다.

BTS와 K-pop으로 상징되는 한류는 이제 한국의 이미지를 높이고 국제적 위상을 제고하려는 공공외교에 큰 주춧돌의 역할을 하고 있다. 공공외교란 문자 그대로 외국 정부가 아니라 공공, 혹은 공중을 대상으로 펼치는 외교 활동을 말하고 소프트 파워를 중시하는 오늘날 국제 관계에서 가장 중요한 화두의 하나가 되었다. 그 개념도 많이 발전하여 외교를 행하는 주체도 이제는 정부 뿐 아니라 시민단체, 기업, 일반인 등 민간 분야를 포함하고 있다. 필자도 하나의 민간 외교관으로서 외국의 학생들에게 한국에 관한 지식을 제공하여 장차 이들이 자국의 지도자가 되었을 때 한국에 우호적인 인사가 되어 한국의 외교 정책을 지지하도록 만드는데 기여하고 있다고 자부한다.

사실 K-pop 이나 K-drama를 통해 한국 문화에 매료된 외국의 젊은이들을 어떻게 장기적으로 한국의 친구로 남게 만드느냐 하는 것은 한류의 인기를 확산하는 것 만큼이나 중요한 일이다. BTS를 사랑하는 지구촌의 많은 팬들은 10대나 20대의 젊은이들이다. 이들이 지금은 열광하지만 나이가 들면 자연스럽게 다른 음악, 혹은 다른 대중 문화로 넘어가게 된다. 한국에 대한 애정도 자연히 식어 들게 된다. 어떻게 하면 이들을 계속적으로 붙잡아 둘 수 있을까? 공공외교가 답이다. K-pop으로 한국에 관심을 갖게 된 이들이 다음 단계로 한국 언어를 배워 한국 사회와 문화를 배우고 이를 바탕으로 결국은 친한 인사가 되는 과정을 공공외교가 주도할 수 있다. 사실 외교부와 국제교류재단이 추구하는 공공외교의 방향이 이것이다. 3년 전 공공외교법이 통과된 후 작성된 한국 공공외교 기본계획에 따르면 한국에 대한 문화가 1단계, 한국에 대한 지식이 2단계, 한국에 대한 정책이 3단계이다.

이러한 공식이 가능하다는 것을 필자도 주변에서 목격한다. 필자가 재직하는 국제관계대학원에는 많은 외국인 학생들이 있는데 이들이 한국까지 유학을 와서 공부를 하게 된 첫 계기는 대부분 한국 문화이다. K-pop이나 K-drama를 즐기다가 뜻을 이해하기 위해 한국어를 공부하게 되었고 그 다음에는 자연스럽게 한국의 정치, 경제, 사회, 문화에 관심을 갖게 되어 유학을 결심했다. 한국에 와서는 한국을 배울 뿐 아니라 한국 친구들도 사귀게 되고 어떤 경우는 한국인 배우자를 만나기도 한다. 이들이 본국에 귀국하면 그 나라의 지도자가 되어 자연스럽게 한국을 이해하고 지지하는 태도와 행위를 보이게 될 것이다.

이것이 가능하기 위해서는 정부 차원의 체계적인 노력과 지원이 필요하다. 그런 의미에서 국제교류재단이 한국의 대학교와 협업으로 시행하는 글로벌 e school은 큰 효과를 보고 있다. 한국의 첨단 정보통신기술을 이용해 적은 비용으로 실시간 화상 강의가 가능하다. 간혹 대상국의 정보통신 인프라가 미비해 기술적 문제가 발생하기는 하지만 이는 점차 개선되고 있다. 필자는 그간 세네갈, 베트남, 이라크, 브라질 등 주로 개발 도상국을 대상으로 강좌를 진행해 왔는데 점차 기술적으로 문제가 줄어드는 것을 느낄 수 있다. 우수 수강생은 한국으로 초청되어 약 1달간 한국 대학교에서 여름 캠프에 참가하게 되는데 이 기회를 얻기 위해 모두 열심히 공부를 한다. 그리고 이를 계기로 많은 학생들이 최종적으로 한국으로 유학을 오게 된다.

한 가지 문제로 지적되는 것은 이들이 한국으로 유학 온 이후에 때로는 인종 차별을 겪게 되는 점이다. 특히 개발 도상국에서 온 학생의 경우 이들에게 폐쇄적인 한국 사회에 실망하고 돌아가는 경우도 있다. 이런 점에 있어 미국의 경험은 우리에게 큰 교훈이 된다. 미국 정부는 수 십년 동안 공공외교의 일환으로 풀브라이트 등 다양한 해외 인사 초청 프로그램을 진행해 왔다. 특히 아프리카 등 제 3 세계 젊은이들을 많이 초청해 유학 기회를 제공했는데 미국 사회의 흑인 차별을 목격한 많은 이들이 귀국 후 반미 인사가 되었던 것을 상기해야 한다.

한국에게 지금은 공공외교를 적극적으로 시행할 수 있는 최적의 기회이다. 앞서 밝힌 대로 공공외교법이 통과되어 기본 정책 방향이 수립되었고 국제교류재단을 공공외교 수행 기관으로 지정하여 기본 인프라를 구축해 놓았다. 그러나 더 중요한 것은 K-pop과 K-drama에 빠져있는 수백만 혹은 수천만의 젊은이들이 전 세계에 퍼져있다는 것이다. 약간의 자극과 기회만 제공하면 이들은 순식간에 한국의 진정한 친구가 될 수 있는 것이다. Love Yourself: Speak Yourself로 명명된 BTS의 이번 월드 투어 콘서트는 미국, 브라질, 영국, 프랑스 등 전 세계 8개 도시에서 약 50 만명의 팬을 끌어 모을 것이라고 한다. 얼마 전 미국 LA의 첫 공연에서는 6만 명의 젊은이들이 로즈볼 스타디움을 꽉 메우고 열광했다. ARMY라고 불리우는 BTS팬들은 불과 몇 시간 만에 티켓을 매진시켰다. 역사 상 한국에 관해 지구촌이 이렇게 열광한 때가 또 있었는가? 이러한 비옥한 토양 위에 공공외교의 씨앗을 뿌려 한국의 소프트 파워를 키우는 것은 정부의 몫이다.

아주경제 2019년 5월 13일

신냉전 시대 한국의 전문 외교관은 어디에?

격화되는 미·중 간의 무역 전쟁이 어느덧 경제 분야를 넘어 안보 등 일반 문제로 확산되고 있다. 거기에 러시아가 차츰 중국과 보조를 맞춰 가면서 미국에 대항하는 모양새가 되면서 새로운 냉전 시대가 도래하고 있다. 1980년 대 말 베를린 장벽의 붕괴로 끝났던 동서 간의 대립이 새로이 점화되는 배경에는 역시 중국과 미국 간의 갈등이 있다. 무역 불균형을 줄이기 위해 관세 폭탄을 들고 나온 트럼프 행정부는 곧 그 전선을 기술 분야로 확산 시켰다. 5G 등 첨단 기술에서의 우위를 지키기 위해 중국 기업을 견제하기 시작했고, 그 결과 세계 최대 무선 통신 장비 업체인 화웨이 제품에 대한 전 세계적인 보이콧을 주도하고 있다. 이어서 중국의 기술 도용을 막기 위해 중국 과학자 및 유학생들의 미국 입국을 제한하고 있다.

보다 최근에는 홍콩에서 일어나고 있는 민주화 운동에 대해 트럼프 행정부는 이를 이념의 문제로 비화시키고 있다. 범죄인의 중국 송환 법안에 반대하여 홍콩 시민 100만명 이상이 도심을 점거하고 시위를 벌이자 미국이 이에 동조하고 나선 것이다. 트럼프 행정부가 이를 중국 독재주의에 대한 폐단으로 규정하고 공격하는 배경에는 미국 민주주의의 우월성을 강조하기 위한 것이다. 국내 문제, 특히 인권 문제에 대한 외부의 간섭에 대해 극심할 정도로 민감하게 반응하는 중국 정부에 있어 이는 심각한 체제의 도전이 아닐 수 없다. 최근 천안문 사태 30주기 때에도 서방의 따가운 비판을 받아 심기가 불편했던 중국으로서 향후 미국 및 서방에 대한 태도는 더욱 호전적이 될 것으로 보인다.

이렇게 악화되는 미·중 관계는 한국에 있어 치명적일 수밖에 없다. 안보를 전적으로 미국에 의존하고 경제의 상당 부분을 중국에 의존하는 한국은 이 와중에 중간에 끼인 샌드위치가 될 수밖에 없다. 미국과 중국은 한국에 여러 가지 문제에 있어 선택을 강요하게 될 것이다. 사드(THAAD · 고고도미사일방어체계) 배치 문제로 큰 홍역을 치른 한국은 어쩌면 이보다 더욱 가혹한 처지에 놓이게 될지도 모른다. 당장 화웨이의 장비를 사용하고 있는 한국 업체들이 그 상황에 놓였다. 미국 정부는 한국 기업들에 안보상의 위험을 이유로 화웨이 장비 사용 금지를 요청하고 있다. 주한 미국 대사까지 전면에 나서서 압박을 가하고 있는 실정이다.

미·중 관계 악화의 표면적 이유는 자국 이익을 앞세운 트럼프 대통령의 등장이지만 근본적인 원인은 중국이 제공한 것으로 보인다. 특히 '중국몽'을 내세워 중국의 과거 영화와 영향력을 다시 찾으려는 시진핑 주석의 제국주의적인 야심을 꼽지 않을 수 없다. 중국은 최근 두 세기를 제외하고는 수 천년 동안 천하의 중심에 있는 미들 킹덤으로서 자부심을 가져 왔다. 고대 문명의 발상지였고 주변국들이 앞다투어 조공을 바치는 황제의 국가였다. 서방의 비평가들로부터 곧잘 '시 황제'라고 불리는 시 주석은 2013년 권좌에 오른 후 꾸준히 중국의 영화를 되찾기 위한 작업을 벌여 왔다. 일대일로 사업을 통해 유라시아는 물론 멀리 아프리카까지 중국의 영향권에 넣으려고 했고 미국과 서방이 주도하는 세계 금융질서에 도전하기 위해 아시아인프라투자은행(AIIB)을 설립했다.

안보 면에서도 남중국해에서 베트남·필리핀과 영토 분쟁을 하며 실력행사를 일삼았고, 대만 문제에 대해서도 계속적으로 날을 세우면서 미국과 대립했다. 북한, 시리아, 이란 등 국제적인 안보 문제에서 미국과 자주 충돌했다. 시 주석의 이 같은 대담한 행보의 배경은 중국의 부상에 따른 무한한 자신감이다. 시 주석이 권력을 잡은 2012~2013년은 중국의 경제가 고도의 성장을 거듭한 반면, 미국은 2008년 금융위기에서 벗어나기 위해 허덕이던 때이다. 이제 미국의 시대는 가고 중국의 시대가 왔다는 환상을 가질 만한 때였다.

그러나 현 중국 지도부의 공격적인 대외·대미정책은 중국에 큰 도전을 안겨주고 있다. 애국주의를 내세우는 트럼프 대통령에게 이는 손쉬운 공격거리가 되었고, 그로 인해 중국은 현재 수세에 몰리고 있다. 트럼프 대통령이 재선에 실패해 다른 지도자가 온다 해도 미국 내의 여론이 크게 바뀌지는 않을 것으로 보인다. 중국의 기술 도용, 스파이 행위 혐의 등으로 미국 여론이 친중국으로 바뀌기는 어려울 것이다. 결국 현재의 대립 국면은 유지되고 신냉전 상황은 당분간 지속될 것이다.

이러한 환경에서 한국 외교는 큰 난관에 봉착해 있다. 양국 사이에서 선택을 강요받는 위기 상황이 수시로 도래할 것이다. 이를 극복하기 위해서는 한국 외교력 강화가 필수적이다. 급변하는 정세에 대처할 수 있는 능력, 협상을 이끄는 능력, 문제 해결 능력 등 외교관으로서의 기본 자질이 절실하다. 그러나 현재 외교 진용을 보면 걱정이 앞선다. 전문 외교관은 뒷전에 있고 정치인이나 학자가 주요 자리에 포진해 있다. 가장 중요한 미·중 대사 자리에는 경제학자가 앉아 있다. 오랫동안 경험을 쌓아온 미국, 일본통 핵심 외교관들은 지난 정부에서 요직을 차지했다고 해서 뒷전으로 밀려 있다. 정작 큰 위기가 닥쳤을 때 과연 잘 헤쳐 나갈 수 있을지 큰 의문이 든다.

아주경제 2019년 6월 17일

빗나간 애국심, 이기적 민족주의

드골 전 프랑스 대통령은 민족주의와 애국심을 한 마디로 잘 표현한 바 있다. 애국심은 자기 국민에 대한 사랑을 우선시하는 것이고, 민족주의 또는 국수주의는 다른 나라 국민에 대한 증오를 우선시하는 것이다. 지금 전 세계에서는 애국심으로 거짓 포장된 민족주의, 국수주의가 도처에서 일어나고 있다. 지난주 새로 취임한 보리스 존슨 영국 총리는 중동이나 북아프리카에서 온 이민자, 그리고 브뤼셀에 있는 유럽 연합의 관료들을 적으로 몰아세우면서 권력에 올랐고, 그 여세를 몰아서 브렉시트를 올가을 안에 단행하려고 하고 있다. 미국의 트럼프 대통령은 멕시코 이민자, 중동의 난민 등 역시 외부에서 온 사람들을 공격하며 당선되었고 재선을 추구하고 있다. 그 밖에도 헝가리, 오스트리아 등 많은 국가에서 비슷한 현상이 일어나고 있다.

아시아에서는 한국과 일본이 역사 문제로부터 시작된 갈등이 격화되어 통상 문제로 비화되고 있고, 그 배경에는 깊은 민족주의 정서가 깔려 있다. 최장집 고려대 명예교수가 한국의 현상을 관제 민족주의라고 칭했지만, 이것이 사실이든 아니든 민족주의는 지금 한·일 갈등의 불쏘시개 역할을 하고 있다. 많은 전문가들이 이의 확산을 우려하고 있지만 쉽게 풀릴 기미는 보이지 않는다. 특히 한국민들은 일제의 잔혹한 식민지 지배와 이에 대한 사과와 보상에 인색한 일본 정부의 태도에 대해 분개하고 있고 이러한 민족주의는 일본 제품 불매 운동, 일본 여행 취소 사태로 확산되고 있다. 양국관계는 1965년 국교정상화 후 최악의 상태로 추락하고 있다.

이러한 민족주의의 전 세계적인 확산은 향후 국제 정세의 불확실성을 증대시킨다. 특히 미국과 영국에서의 민족주의는 고립주의의 성격을 함께 보이고 있어 더욱 심각하다. 이것이 심화된다면 기존의 국제질서가 밑바닥부터 송두리째 흔들릴 가능성이 있다. 먼저 양 세계대전 후 어느 정도 세계 평화에 기여한 바가 있는 유엔의 위상이 갈수록 흔들리고 있다. 트럼프 대통령은 유엔이 미국의 이익을 대변하지 않고 갈수록 개발도상국이나 제3세계의 입김에 휘둘리고 있다고 불평하고 있다. 유엔에 가장 많은 분담금을 내는 미국이 유엔을 계속 비판하며 공격을 가하게 되면 유엔의 영향력은 급속히 감소될 수밖에 없다. 이는 유엔이 수행하는 평화유지군 활동이나 인권, 환경 등 지속가능 개발 목표(SDG) 사업에 심각한 차질을 주게 될 것이다.

유엔뿐이 아니다. 미국은 친(親)팔레스타인, 반(反)이스라엘 이라는 이유로 이미 유엔교육과학문화기구(UNESCO)를 탈퇴한 바 있다. 이러한 조치는 이 분야의 국제 협력과 공조를 훼손하는 중대한 결과를 야기하게 될 것이다. 트럼프 행정부는 또 파리 기후 협정의 탈퇴를 선언한 바 있다. 인류가 처한 가장 심각한 문제 중 하나인 기후 변화를 위한 국제 협약이 자국의 이익에 해가 된다는 이유로 전임 대통령의 약속에도 불구하고 헌신짝처럼 버려지는 사태는 민족주의가 팽배한 현 시대의 냉혹함을 그대로 보여준다. 미국이 어렵게 달성한 이란과의 국제 협약을 파기한 것도 같은 맥락에서 향후 국제사회에 불확실성과 위험성을 가늠케 한다.

영국의 브렉시트 계획도 같은 우려를 자아낸다. 유럽은 수천만명의 목숨을 앗아간 비극적인 두 차례의 세계대전을 치른 후 다시는 유럽 대륙에서 전쟁을 되풀이하지 않겠다는 각오로 유럽 통합을 이뤄냈다. 거대한 단일 시장으로 재탄생해 상당한 번영과 안정도 누렸다. 그러나 난민 문제, 부채 문제 등 여러 가지 시련이 유럽연합(EU)을 덮치고 있다. 이에 영국은 더 이상 자신의 주권을 EU에 넘기지 않고 자주적인 주권을 행사하기 위해 브렉시트를 추구하고 있다. 여기에도 바다 건너 유럽의 여러 나라들을 경시하거나 경멸하는 영국인의 민족주의적인 태도가 곁들여져 있다. 한 전문가가 지적했듯이 "영어가 아닌 이상한 언어를 쓰고 마늘을 먹는 국민들"과는 같이 놀지 않겠다는 일종의 우월의식이 있는 것이다. 그보다는 같은 언어를 쓰고 같은 문화를 공유한 대서양 건너 대국 미국과 보조를 맞추는 것이 더 현명할 것이라는 생각이다.

문제는 이러한 행보가 2차 세계대전 후 국제사회가 꾸준히 노력해 이뤄온 현재의 국제 질서를 흔드는 점이다. 앞서 말한 유엔이나 EU의 위치가 흔들려 국제 협력이 어려워지는 것 말고도 미국과 영국이 주축이 되어 전후 구축한 세계 금융·경제 질서도 위협을 받을 수 있다. 서로의 윈윈(win-win) 원칙에 입각한 자유주의적인 국제 협력 분위기가 자국의 이익 극대화에 매몰되는 현실주의적 제로섬(zero sum) 게임으로 바뀌는 것이다. 주권을 행사하는 정부 행위자의 힘이 증대됨과 동시에 국제기구, 비정부기구 등 국제 협력을 위한 비정부 행위자의 영향력은 현저하게 약화될 것이다.

이와 관련, 한국에도 시사점을 주는 사태가 지난주 발생했다. 일본의 무역 보복을 규탄하기 위해 한국 대표단은 세계무역기구(WTO)에 문제를 제기했지만 별다른 도움을 받지 못했다. 한국 대표단은 일본이 역사 문제를 이유로 무역 보복을 했다고 부당성을 열띠게 호소했다. 그러나 WTO 회원국들의 반응은 대체로 냉담했다. 복잡한 양국 문제에 끼어들고 싶지 않다는 입장이었다. 자유·공정 무역을 최대의 가치로 내세우는 WTO가 명백한 불공정 무역행위에 이렇듯 무관심하고 무력한 모습을 보이는 것을 보면 벌써 새로운 국제질서가 구축되어 가는 느낌이다. 국제기구로 대변되는 국제 협력의 모습은 쇠락하고, 자국의 이익만을 앞세우는 민족주의가 득세하는 새로운 국제 환경이 도래하는 듯하다.

아주경제 2019년 7월 30일

탈지구화 시대
한국에서 자라나는 민족주의

[우리입으로 자유주의적 국제 질서와 세계화 거부해선 안된다]

지난 100년간 급변한 국제 관계로 인해 한국은 전 세계에서 가장 많은 피해와 혜택을 동시에 입은 나라일 것이다. 20세기 전반 한국은 최대 피해국 중의 하나였다. 열강의 각축 속에 나라를 잃었고 어렵게 독립을 쟁취하자마자 국가가 반 동강이 나서 비극적인 전쟁을 치렀다. 그러나 20세기 후반 한국은 미국이 주도한 유엔의 도움으로 나라를 지켰고 자유민주주의를 견지했다. 역시 미국이 주도한 세계은행 등의 차관으로 산업을 일으켰고 브레튼우즈 협약에 따른 국제 자유무역체제에 편승해서 수출 강국이 되었다. 이에 힘입어 짧은 시간에 민주주의도 이뤄냈다. 격동하는 국제 관계 속에 한국의 운명은 천당과 지옥을 오고 간 대표적인 국가이다.

어떻게 이런 극단적인 변화가 일어났을까? 20세기 초반 한국인들은 무지몽매하고 게을러서 나라를 빼앗기고 반도가 갈라지는 비극을 당했을까? 20세기 후반 한국인들은 심기일전하여 열심히 일하고 공부하여 남들이 부러워하는 산업화와 민주화를 이뤄냈을까? 물론 그런 점도 있을 것이다. 그러나 필자가 보기에는 지난 세기 국제 관계의 근본 질서가 변한 것이 더 큰 이유였다. 20세기 초반 약육강식의 현실주의 국제관계가 20세기 후반 보다 문명화된 자유주의로 바뀌면서 한국에 기회를 제공한 것이다.

20세기 초 현실주의 국제관계 속에서 약소국의 운명은 가혹할 뿐이었다. 먹고 먹히는 처절한 제로섬 게임에서 살아남기 위해서는 자신의 국력을 키우거나 강대국의 우산 속에 들어가 힘의 균형을 기대하는 수밖에 없었다. 이 점에서 한국은 국력 키우기에도 실패했고 강대국 힘의 균형을 파악하는 데도 실패했다. 쇠락하는 대륙의 힘에 기대면서 부상하는 해양의 힘을 좌시했다. 그 결과는 참혹한 식민 지배였다. 또한 강대국 편의 위주의 세계 질서 속에서 국토는 두 동강 나고 말았다.

반면 20세기 후반 국제사회는 한국에 상당히 관대했다. 마치 20세기 초 한국에 준 고통을 보상해 주려는 듯 한국을 도왔다. 한국전쟁 시 미국을 비롯한 15개 우방국 병사들은 듣도 보도 못한 아시아 작은 나라의 자유와 평화를 위해 피를 흘렸다. 당시 일본에 주둔해 있던 미군들은 19, 20세의 꽃다운 젊은이들로 한밤중에 영문도 모르고 바다 건너 공수되어 전선에 투입되었다.

한국이 받은 혜택은 여기서 끝나지 않는다. 전쟁 후 폐허가 된 국토를 복구하고 산업을 일으키기 위해 한국은 국제사회에 손을 내밀었고 여기서 미국이 주도하던 세계은행은 아낌없이 차관을 제공했다. 이 자금은 길을 닦고 항만과 공장, 발전소를 건설하는 데 쓰였다. 자본이 절대적으로 부족했던 한국에게 이는 가뭄에 단비와도 같았다. 일본과 수교 당시 받았던 배상금, 심지어는 베트남전쟁에 참여한 대가로 받은 자금까지 경제 발전에 쓰였다.

한국이 무역 대국으로 성장한 것도 국제 자유무역의 체제가 있었기에 가능했다. 한국 기업들은 정부의 특혜적인 지원과 보조금, 환율 정책에 힘입어 해외 시장을 개척했고 때로는 덤핑을 통해 시장 점유율을 넓혔다. 지금이라면 허용될 수 없는 불공정 사례가 많았지만 1970, 80년대 국제사회는 관대하게 눈감아 주었다. 지금 중국에 가해지는 감시와 견제가 그 당시 있었다면, 한국의 비약적인 수출 증대는 어려웠을 것이다.

물론 한국이 국제사회에 무조건 고마워할 수는 없다. 강대국들이 임의로 그어놓은 남북 분단선 때문에 아직도 한반도는 고통 받고 있다. 과거 관대하던 미국이 이제는 방위비 분담금 인상 등 많은 압력을 가하고 있다. 한국 경제 역시 외부의 충격에 취약하다. 1990년대 말 외환 위기가 그 좋은 예이다. 그러나 전반적으로 현재의 포용적이고 자유주의적 국제 질서가 한국에 피해보다는 도움을 주었다는 것을 부인하기는 어렵다.

이를 증명하는 좋은 사례가 있다. 바로 휴전선 건너 북한이다. 전쟁 후 북한의 국력은 모든 면에서 한국보다 우월했다. 공장과 산업이 있었고 풍부한 전력이 있었다. 1960년대만 해도 북한은 국제사회에서 한국

보다 우월한 지위에 있었고 해외 공관 수도 훨씬 많았다. 그러나 주체라는 시대착오적인 정책을 고집하고 국제사회에서 고립된 채로 수십년간 지내온 북한은 지금 전 세계 최빈국 중 하나이다. 똑같은 문화와 역사를 갖고 있는 두 체제가 이렇게 극명하게 달라진 것은 결국 대외 정책 때문일 것이다.

이렇듯 한국에 많은 혜택을 준 자유주의적 국제질서가 안타깝게 최근 들어 흔들리고 있다. 트럼프 대통령의 미국 우선주의, 영국의 브렉시트에서 보듯이 민족주의적 보호주의, 고립주의가 세계 도처에서 고개를 들고 있다. 지난 수십년간 지속되어온 세계화 및 지구화가 이제는 탈세계화·탈지구화로 바뀐다는 우려가 커지고 있다. 이 와중에 유엔이나 유럽연합(EU), 나토 등 자유주의의 근간이 되었던 국제 기구의 위상이 흔들리고 있다. 경제에 있어서도 세계무역기구(WTO)나 세계은행 등의 영향력이 전과 같지 않다.

이런 와중에 한국이 할 수 있는 일은 많지 않다. 미국에 보다 리버럴하고 다자주의적인 행정부가 들어서기를 기대하는 정도일 것이다. 영국 등 유럽에서 대중 영합적인 민족주의가 쇠퇴하기를 바라는 정도일 것이다. 그래도 최소한 한국이 하지 말아야 할 일이 있다. 바로 자신의 입으로 자유주의적 국제질서와 세계화를 거부하는 것이다. 어쨌든 한국은 이의 수혜자이기 때문이다. 그러나 도처에서 국제 협력을 부정하고 우방을 의심하며 우리끼리를 고집하는 민족주의가 자라나고 있는 듯해서 안타깝다.

아주경제 2019년 9월 16일

민주화? 글로벌 코리아?
수시로 변하는 한국 홍보의 핵심 키워드

필자는 최근 한국의 공공외교 역사라는 주제로 연구를 한 바가 있다. 공공외교란 타국의 국민들과 소통을 통하여 국익을 증진하는 것이니 다시 말하면 한국을 어떻게 해외에 알렸는가에 대한 역사 연구였다. 한국 정부의 해외 홍보 역사라고 부를 수도 있을 것이다. 연구 결과 재미있는 결과들이 나왔다. 한국 정부는 정부 수립 이후 70여년간 꾸준하게 세계를 향한 메시지를 전달해 왔다. 그 메시지는 한국의 변화 그리고 세계 정세의 변화에 따라 계속 변해왔고 진화해왔다. 이 지면을 빌려서 이러한 진화의 과정을 소개하고자 한다.

먼저 필자는 한국의 공공외교 역사를 크게 3개 시기로 나눴다. 48년 정부수립 후 72년 유신 선포까지가 첫 시기로 주로 안보에 관련된 공공외교 활동을 펼쳤다. 한국전과 전후 복구 사업, 그리고 북한과의 체제 경쟁에서 살아 남기 위해 국제 사회의 지지와 지원을 호소하던 시절이었다. 주로 미국 등 우방을 겨냥한 소통 활동이었다. 두 번째 시기는 72년부터 98년 외환위기까지의 시절로 주로 경제 및 통상이 공공외교, 혹은 해외홍보의 주요 관심사였다. 한국의 비약적인 경제 발전을 홍보하고 교역을 확대하려는 시기였다. 대상은 중국을 포함한 교역 대상국이 주를 이뤘다. 다음 98년부터 평창올림픽이 있었던 2018년까지는 세 번째 시기로 주로 문화가 공공외교의 주 목표가 되었다. 한류가 확산되는 아시아와 그 이외 지역을 대상으로 성숙된 문화 국가의 모습을 알리기 위해 주력했다.

지난 수십년간 공공외교와 해외홍보에서 중요한 역할을 했던 인사들과의 심층 인터뷰를 통해서 필자는 위의 세 시기를 좀 더 세밀하게 여섯 개의 시기로 세분할 수 있었다. 첫 시기는 48년부터 60년까지로 이때 한국이 세계에 보낸 메시지는 국가 건설 (nation building)이었다. 한국전쟁 시절 군사적 지원을 요청하고 그 후 전후 복구 과정에서 경제적 지원을 호소하는 것이 공공외교의 주 목적이었다. 현대적인 미디어나 소통 수단이 부재하던 시절이라 주로 인적 자산을 이용한 대인 소통이 주요 수단이었다.

두 번째는 60년부터 72년까지로 권위주의 군사정권의 정당성을 국내외에 주창하는 것이 주 메시지였고 이 과정에서 북한과의 체제 경쟁, 정당성 경쟁이 치열하게 벌어지던 시기였다. 이때는 북한이 남한보다 군사, 경제, 외교적으로 더욱 우위에 있던 시절이기 때문에 유엔 등 국제 회의에서 남북한 표대결이 있을 경우 필사적으로 우리 체제의 승리를 위해 전방위 노력을 기울일 때였다. 아주 기본적인 소통 미디어인 출판물 등이 주로 이용되었다.

세 번째는 72년부터 88년까지로 세계에 보낸 핵심 메시지는 한국의 경제 발전이었다. 이를 해외에 알리기 위해 해외 언론을 사용하기 시작했다. 특히 뉴욕타임스나 뉴스위크 등 서방의 신문이나 잡지 등을 이용해 광고를 게재하고 호의적인 기사를 유도했다. 특히 88년 서울 올림픽은 전쟁의 참상을 극복하고 산업 강국으로 우뚝 선 한국의 모습을 세계에 알리기 위해 노력하는 계기였다.

네 번째는 88년부터 98년까지이고 이 시기에 외국에 보낸 메시지는 민주화였다. 직선 대통령이 취임하고 문민 정부의 출현으로 군사 정권을 종식하는 모습을 알리기 위해 해외 매체, 특히 국제적인 방송 매체를 활용하기 시작했다. CNN, BBC 등에 한국을 알리는 광고를 방영하기 시작한 것도 이 시기이다. 민주화 후 일상화된 학생 데모나 노동 투쟁이 국제적 언론의 관심을 끌었고 이는 결국 갈등의 과정을 거치며 민주화되는 한국의 모습을 알리는 계기가 되었다.

다섯 번째는 98년부터 2008년까지 시기로 이때는 날로 발전하는 한국의 문화가 핵심 메시지가 되었다. 케이팝을 필두로 한 한류의 바람이 아시아를 휩쓸기 시작했고 이를 알리기 위해 다양한 노력이 시도되었다. 특히 2002년 한일 월드컵을 계기로 다이내믹 코리아라는 국가 홍보 슬로건을 처음으로 사용하기 시작했고 정부 차원에서 국가이미지위원회를 만들어 한국의 이미지 관리를 도모했다. 소통의 수단도 대중 매체의 단계를 넘어 인터넷, 홈페이지 등 디지털 매체로 진화해 간 시절이었다.

마지막 여섯 번째는 2008년부터 2018년까지 시기로 주 메시지는 글로벌 코리아였다. 반기문 유엔 사무총장, G20 서울 정상 회담 등 한국이 국제 사회에서 보다 중요한 역할을 하는 사례가 늘기 시작했다. 과거 양자 외교에서 다자 외교로 한국 외교의 초점도 변해 갔고 이와 더불어 국제 사회에 공헌하는 한국의 모습을 홍보하기 시작했다. 대외 원조, 평화 유지군 파견, 해외 봉사단 파견 등 국제 사회에서 책임 있는 일원으로서 한국의 역할을 강조했다. 주요 소통 수단도 SNS 등 쌍방향적인 디지털 미디어로 진화해서 세계인들과 보다 열린 소통과 관계 정립을 시도했다.

이러한 여섯 단계를 거치면서 한국의 공공외교는 점차 선진형으로 진행하는 모습을 발견할 수 있었다. 소통의 메시지도 다양해졌고 소통의 수단도 점차 발전해 갔다. 그러나 한국만의 취약점도 많이 발견된다. 특히 정권이 변할 때마다 공공외교 및 해외 홍보의 기조가 너무 급격하게 변하는 점이다. 정책의 지속성 부재가 수없이 목격된다. 아울러 공공외교나 해외 홍보를 수행하는 정부 조직도 끊임없이 변하는 것이 문제로 지적된다. 작은 정부, 큰 정부를 수차례 반복하면서 조직이 해체되고, 부활되고, 합병되고, 분리되는 과정을 수없이 거듭한다. 이 과정에서 예산과 노력의 낭비가 되풀이되고 정책의 효율성은 심하게 저하된다. 세계가 주목하는 강력한 중견국으로 부상한 한국으로서는 필히 시정해야 할 과제라고 여겨진다.

아주경제 2019년 10월 17일

지소미아와 방위비 분담, 對美외교의 함수

평택에 자리 잡고 있는 미군 기지 캠프 험프리스를 방문하면 우선 그 엄청난 규모에 할 말을 잊게 된다. 서울부터 잘 닦여진 고속도로를 나오면 바로 맞게 되는 이 기지는 미국이 해외에서 운영하고 있는 군 기지 중 최대 규모를 자랑한다. 안으로 들어 가면 초대형, 최신식 건물들이 줄을 서 있고 장병들을 위한 훈련장, 그리고 숙소가 늘어서 있으며 여가 생활을 위한 18홀 골프장, 위락 시설, 운동장도 자리 잡고 있다. 미국의 한 작은 도시가 들어서 있는 느낌이다. 영내를 돌아보며 느끼는 점은 과연 이 시설이 단지 북한만을 겨냥하여 건설된 것인가 하는 점이다. 평택에서 바다 건너면 바로 위치한 중국을 겨냥한 것이 아닌가 하는 의구심이 들게 마련이다.

미군 27,000여명이 한국에 주둔하는 일차적인 이유는 물론 북한의 위협에 대응하는 것이다. 그러나 좀 더 장기적으로 보면 날로 부상하며 미국의 초강대국 위치를 위협하는 중국을 견제하기 위해 주한 미군이 존재한다고 볼 수도 있다. 그런 의미에서 현재 미국 정부가 전방위로 요구하고 있는 한미 방위비 분담금 인상은 한국으로서 쉽게 받아들일 수 없는 사안이다. 더구나 현재 부담금의 대 여섯 배 인상을 요구한다 하니 납득할 수 없다. 한국으로서는 이를 반박할 충분한 논리를 갖고 있다고 볼 수 있다.

트럼프 행정부에 따르면 왜 미국이 한국 방위를 위해 그만큼 많은 돈을 지출해야 하는가 하는 의문이 미국민들 사이에서 커져간다고 한다. 하지만 그들이 간과하는 점은 주한 미군을 통해 미국이 아시아 태평양에서 보다 안정적인 헤게모니를 유지할 수 있고 이를 통해 장기적으로 미국식 패권주의를 지속할 수 있다는 점이다. 미국 위주의 신자유주의 세계경제 질서가 유지되고 이를 통해 미국 기업과 미국 정부는 천문학적 규모의 직간접적인 혜택을 얻는 것이다.

그러나 한국 정부는 이런 점을 강력하게 미국 측에 어필하지 못하고 있다. 평택 미군 기지 건설 비용 100억 달러 중 92%를 한국이 부담했고 올해 한국의 방위비 분담금이 작년보다 8.2 퍼센트나 증가해서 최초로 1조원을 초과했다는 점도 목소리 높여 강조하지 못하고 있다. 그것은 한국 정부가 기본적으로 북한 핵문제 해결을 위해 미국 정부에 대해 저자세를 유지해 온 것과 일맥상통한다. 현 정부 출범 후 안보 외교 정책의 최고 우선 순위는 한반도 평화 프로세스이고 이를 위해서는 미국의 협조가 무엇보다 중요하다는 인식에서 트럼프 행정부에게 바른 소리를 하기는커녕

심하면 아첨하는 인상마저 주고 있다. 동맹의 관계가 아니라 갑을 관계가 되고 있다는 자조 섞인 비난도 들린다.

한국 정부가 미국 앞에서 갈수록 수세적으로 되는 또 다른 이유는 한일간 군사정보 보호협정, 즉 지소미아라고 볼 수 있다. 한국 정부는 미국의 반대에도 불구하고 역사 문제로 인해 일본이 취한 무역 규제 조치에 대한 보복으로 지소미아 파기를 선언했다. 지소미아 파기가 실제로 일본에 피해를 주는지 아니면 오히려 북한의 위협에 가장 취약한 한국에게 더 큰 피해를 주는지 확실하지도 않은 상태에서 한국 정부는 이 조치를 감행했다.

한미일 삼각 동맹 체제를 통해 북한, 중국, 러시아의 위협을 관리하려는 미국에게 있어 이는 결코 반가운 조치가 아니다. 미국 밖의 상황에 크게 관심을 쏟지 않으려는 트럼프 대통령의 성향 때문에 초기에는 지소미아 파기에 대한 미국의 반대 목소리가 높지 않았다. 그러나 점차 지소미아 파기 종료 시점이 다가 오면서 미국 행정부의 목소리는 커지고 있다. 한국을 방문한 마크 밀리 미 합참의장은 지소미아가 "지역 안보에 필수적"이라며 노골적으로 한국 정부의 조치를 비난했다.

이런 상황에서 한국 정부가 해야 할 일은 자명하다. 일단 지소미아 문제를 원상태로 돌려놓고 방위비 분담금 문제에 대처해야 하는 것이다. 지소미아 파기를 철회하면 대미 협상에서 한국의 입지는 좀 더 강화될 것이고 이를 이용해 방위비 분담금 협상에서 좀 더 우월한 위치를 확보하는 것이다. 물론 지소미아와 방위비 분담금 문제는 별개의 문제로 보인다.

그러나 둘 다 한반도 및 동북아의 안보 문제와 직결된 문제이기 때문에 상호 연관성은 대단히 크다.

지소미아 원상 회복은 한국 정부로서는 한 마디로 스타일 구기는 일이 될 것이다. 지소미아 파기는 과거를 반성할 줄 모르는 일본에 맞서 한국의 의지와 자존심을 보여주는 호기 있는 조치였는데 이를 철회한다면 문재인 정부의 체면은 심히 손상될 것이다. 그러나 지금은 체면을 따질 때가 아니다. 트럼프의 미국 우선주의와 세계 도처에서 확산되는 배타적 민족주의로 인해 국제 사회가 날로 냉혹해지고 있는 상황에서 체면 보다는 실익을 찾는 실용주의가 무엇보다 시급한 상황이다.

아울러 이번 기회에 미국에 대한 한국의 태도도 새로 정립할 필요가 있다. 북한 핵 문제 해결을 위해 트럼프 행정부에 무조건 수세적으로 저자세를 취하는 것은 아무런 도움이 되지 못한다. 한국이 미국의 도움에 편승하고 무임승차한다는 인식을 바꿔줄 필요도 있다. 주한미군이 한국뿐 아니라 미국의 국익에도 도움이 된다는 점을 보다 많은 미국민들에게 알릴 필요가 있다. 한국이 미국으로부터 구입하는 엄청난 규모의 무기 체계에 대해서도 알려야 한다. 그리고 한국이 미국의 장기적인 동아시아 안보 전략을 위해 얼마나 크고 견고한 미군 기지를 평택에 건설해 주었는지도 알려줄 필요가 있다.

아주경제 2019년 11월 13일

북한의 언론 플레이엔 무관심이 최상책

북한이 몇 달 동안 호기롭게 공언했던 크리스마스 선물은 결국 오지 않았다. 답보 상태인 북·미 협상과 관련해서 미국이 연말까지 '새로운 길'을 밝히지 않으면 한바탕 도발을 하겠다는 의도였는데, 어찌 된 일인지 연말이 다 되도록 아무런 행동을 보이지 않는다. 물론 연초를 기해 미사일이나 아니면 새로운 핵 실험을 감행해서 세상을 다시 놀라게 할 가능성은 있다. 그러나 어쨌든 자신들이 최초로 정한 시한은 넘긴 셈이다. 결과적으로 북한의 말을 믿고 뭔가 큰 사건을 전망했던 언론이나 전문가들은 또 한 번 북한의 술수에 놀아난 꼴이 되었다.

이는 어제오늘의 얘기가 아니다. 북한은 수십년 동안 기회 있을 때마다 언론 플레이를 통해 자신의 입장을 알리고 입지를 강화했다. 세계에서 자신들에 대한 관심이 멀어질 때는 대형 언론 이벤트를 통해 관심을 끌어 왔다. 가끔 대규모로 국제 언론인들을 불러들여 선전의 도구로 이용했다. 평양 아리랑 축전을 관람시키고 영변 핵시설 냉각탑 폭파를 전 세계에 방송하도록 했다. 때로는 애매한 메시지를 통해 언론의 호기심을 자극했다. 그 결과 북한은 늘 국제 뉴스의 중심에 있었고, 북한 관련 뉴스는 항상 헤드라인을 탔다.

그 배경에는 국제 언론의 맹목적인 북한 따르기도 한몫했다. 지난 2년간은 특히 그러했다. 평창 올림픽 당시 북한 대표단 파견, 판문점 남북 회담, 싱가포르 북·미 정상 회담에 이어 하노이 정상 회담까지 굵직굵직한 뉴스가 계속되는 가운데 국제, 특히 서방 언론은 이를 세기의 뉴스로 과대포장해서 다뤘다. 금방이라도 북핵 문제가 해결되고 남북, 북·미 관계가 정상화되어 한반도에 평화가 올 것처럼 호들갑을 떨었다. 그러나 2년이 지난 지금 이는 섣부른 환상이었음이 드러났다.

국제 언론을 통해 자신의 입지를 국내외에 과시하려는 의도는 북한의 김정은 뿐 아니라 미국의 트럼프 대통령에게도 있었다. 전임자들이 수십년 동안 해결하지 못한 북핵 문제를 자신이 나서서 김정은과 햄버거 한번 먹으며 협상하면 모든 것이 잘될 것이라는 자만심으로 트럼프는 여론 몰이에 나섰고, 언론은 이를 충직하게 따랐다. 미궁을 거듭하는 시리아, 이란 문제 등 외교 정책에 있어 별로 내세울 게 없는 트럼프에게 북한은 자신의 치적으로 내세울 수 있는 좋은 대상이었다. 2017년 임기 초 '분노와 화염' 발언으로 일단 판을 흔든 다음 트럼프는 두 번의 북·미 정상회담을 통해 언론의 집중적 조명을 받는 데 성공한다. 벌써 내년 선거에 이를 이용하고 있는 실정이다.

그러나 국제 언론을 능수능란하게 요리하는 데 있어서는 북한이 한 수 위다. 일단 북한은 자국의 문을 꼭꼭 걸어잠가서 언론의 호기심을 최고조로 자극한다. 현재 평양에는 중국과 러시아 등 공산권의 특파원이 근무하지만 서방 특파원은 거의 없는 실정이다. 미국의 AP 통신이 지국을 운영하고 있지만 북한 직원이 상주할 뿐 외국인 기자는 사건이 있을 때만 허락을 받아서 입국 취재한다. 취재할 때에도 철저한 통제를 가해 제한된 내용과 인사에만 접근할 수 있다. 북한에 우호적인 기사만 송고되도록 모든 수단을 동원한다.

가끔 북한이 문을 활짝 열고 외국인 기자들의 방북을 허용하는 경우가 있다. 앞서 언급한 영변 냉각탑 폭파 등 자신들에게 유리한 기사를 유도하기 위해 대규모로 서방 기자들을 초청한다. 과거 미국 프로농구 선수 데니스 로드맨을 초청한 경우처럼 이벤트의 흥행을 위해 언론 플레이를 하는 경우도 있다. 이 모든 경우 역시 철저한 통제가 가해지고 언론은 보여주는 것만 보게 되고 허용된 사람만 인터뷰하게 된다. 필자도 과거 외신기자로 일하던 시절 북한 취재를 다녀온 경험이 있었지만 극히 제한된 상황에서 일방적인 조건에서 취재하는 상황을 벗어날 수 없었다.

언론인 개개인의 공명심도 한몫한다. 한반도를 취재하는 국제 언론인들은 북한 관련 특종에 대한 열망이 누구보다 강하다. 사실 그럴 가능성이 엿보이기 때문이다. 군사 충돌로 대규모 돌발 사태가 나거나 대화를 통해 진정한 평화가 오거나 둘 중 하나의 가능성이다. 어떤 경우라도 이는 세기의 특종이다. 기자라면 욕심나는 뉴스다. 그래서 가능하면 자신의 임기 중에 어떤 큰 사건이 일어나기를 바라는 경우가 많고, 그러다 보면 보도에 있어 자칫 과장된 논조를 보이게 된다.

이러한 관점에서 다가오는 2020년에는 북한의 또 다른 언론 플레이가 예상된다. 무엇보다 재선에 목말라 있는 트럼프 대통령에 대한 언론 플레이이다. 북한으로서 이는 전혀 새롭지 않다. 과거 한국의 선거가 있을 때 북한이 자주 취했던 행태이다. 실제 영향이 있었는지는 별개의 문제다. 러시아가 흑색선전을 통해 2016년 미국 대선에 개입하려 했듯이 북한 역시 그러한 유혹을 느낄 것이다. 먼저 트럼프 재선이 자신들에게 도움이 되는지 아닌지를 판단할 것이고 여기에 따라 행동을 결정할 것이다.

이런 상황에서 국제사회나 국제 언론이 북한에 대해 취할 태도는 적당한 무관심이다. 북한의 일거수 일투족을 맹목적으로 보도하는 것은 벌써 북한의 언론 플레이에 당하는 꼴이 된다. 자신에 대한 관심을 유발하기 위해 끊임없이 돌출 행동을 하는 철없는 아이에게 필요 이상의 관심을 보일 필요는 없다. 2020년에는 국내외 각종 언론에서 북한 관련 뉴스가 줄어들기를 기대해 본다.

아주경제 2019년 12월 29일

미국 대통령 선거와 한국
코로나 바이러스로 분열되는 지구촌
코로나로 엇갈린 세계 지도자들의 운명
팬데믹, 탈세계화,
그리고 한국의 선택

2020

Lee Byung Jong's column

역과 중견국 외교... 국격 상승의 기회로
선과 미디어 전쟁
총리 출범과 한일 관계
프 패배하면
론 진실보도 효과일 듯
의 '뉴스 허브'될 서울, 준비됐나

미국 대통령 선거와 한국

미국 대통령 선거는 아직 9개월이나 남았지만 다음 주 월요일에는 그 전초전이라 할 수 있는 아이오와 주의 민주당 코커스(당원대회)가 열린다. 여기서 민주당원들은 자신들의 대선 후보를 뽑게 된다. 그 다음 며칠 후에는 뉴햄프셔 주에서 당원들과 일반인이 참여하는 프라이머리(예비선거)를 통해 후보를 선출하게 된다. 여름이 오기까지 각 주에서 이런 과정을 거쳐 민주당의 후보를 결정하게 되고, 이 후보는 11월 초 공화당의 트럼프 대통령과 최종 승부를 가리게 된다. 이렇게 복잡하고 긴 미국의 선거 과정을 한국으로서는 주의 깊게 지켜봐야 한다. 미국 대통령이 한국의 안보나 경제 등 모든 문제에 미치는 영향이 그만큼 크기 때문이다.

현 트럼프 행정부가 주한 미군 주둔 비용을 다섯배나 올려달라고 요구하고 있는 마당에 많은 한국인은 아마 트럼프의 패배를 바라고 있을 것이다. 통상 문제에 있어서도 한국에 계속적인 압력을 가하고 있고 한국을 동맹이라기보다는 일종의 사업 거래처로 여기는 듯한 그의 태도에 분개하는 한국인이 늘고 있다. 그가 대 중국 관세 강화 등 보호무역정책을 밀어붙여 세계 무역 질서를 흔들고 있는 것도 무역 의존도가 높은 한국에 있어서는 반가운 소식이 아니다. 한때 한반도를 뜨겁게 했던 북한 김정은과의 대화도 동력을 잃은 상황에서 남북 관계에 있어서도 트럼프 대통령에게 크게 기대를 걸기도 어려운 상황이 되었다. 아직까지 북·미 대화에 대한 희망의 끈을 놓지 못하고 있는 한국 정부만이 아마 그의 재선을 바라고 있을지 모른다.

그렇다면 트럼프와 대항하게 될 민주당 후보는 누가 될 것인가? 아직까지 명확한 선두 주자가 나타나지는 않았다. 여러 후보가 경합하고 있고 이 중에 4명이 아이오와 당원대회에서 앞설 것으로 예상되고 있다. 조 바이든 전 부통령, 버니 샌더스 버몬트 주 상원의원, 엘리자베스 워런 매사추세츠 주 상원의원, 피터 부티지지 인디애나 주 사우스밴드 시장이 그들이다. 이들 중 바이든과 부티지지는 상대적으로 온건한 정책 노선을 견지하지만 샌더스와 워런은 보다 진보적인 모습을 보인다. 이 두 상원의원은 특히 미국의 소득 불평등을 해소하기 위해 부유세나 건강보험의 대폭 확대 등 급진적인 재분배 정책을 제시하고 있다. 그러나 이들 후보의 선거 공약은 대부분 미국 국내 문제에 치중하고 있기 때문에 이들의 외교나 통상 등 대외 정책은 아직까지 확실하게 차별화되지 않고 있다.

다른 세 후보가 모두 70대 고령인데 비해 부티지지 시장은 30대로 하버드, 옥스퍼드 대학에서 수학한 동성애자라는 점이 유권자의 관심을 끌고 있다. 바이든 전 부통령은 화려한 국정 경험을 자랑하지만 부통령 재직 시절 자신의 아들이 우크라이나 대기업에 취업해서 일한 것이 문제가 되어 발목을 잡고 있다. 샌더스 상원의원은 급진적인 사회주의자로 평가되며 이 때문에 미국 사회의 불평등에 좌절하는 많은 젊은 진보층이 지지하고 있다. 4년 전 대선에서도 힐러리 클린턴 후보를 크게 위협했던 샌더스는 여전히 열성적인 지지층을 거느리고 있으며 부자나 대기업의 정치 자금을 마다하고 열성적인 개인 모금에 의존하고 있다. 워런 상원의원도 대기업과 부유층 그리고 월가의 금융회사를 타깃으로 삼아 대폭적인 개혁을 약속하고 있다. 부유세를 통해 부의 재분배를 도모하고 있고 공룡처럼 커버린 IT 기업들을 분해해서 독점의 폐해를 막겠다는 야심찬 정책을 표방하고 있다.

다음 주 민주당 당원대회에 참여하지는 않지만 주목해야 할 또 다른 민주당 후보가 있다. 총 재산이 60조원에 달하고 세계에서 아홉째로 부자인 마이클 블룸버그 전 뉴욕 시장이다. 엄청난 자신의 재산을 바탕으로 막대한 선거 광고를 무기로 삼고 있는 블룸버그는 민주당 경선에서 가장 큰 변수가 될 전망이다. 벌써 2억 달러 이상을 텔레비전과 인터넷 광고에 쏟아부었고 대선까지 총 10억 달러를 선거 자금으로 쓸 예정이다. 이 때문에 다른 후보들로부터 선거를 "매수하고 있다"는 비난까지 듣고 있다. 때늦게 지난해 11월 출마를 단행한 블룸버그는 초기 당원대회나 예비선거에 참여하지 않고 3월에 있을 슈퍼 화요일(Super Tuesday) 예비선거로 직행할 계획이다. 텍사스 등 선거인단 규모가 큰 다수의 주에서 열리는 이 예비선거에서 블룸버그 시장은 선두 그룹에 합류하게 될 것으로 보인다.

지구 온난화 등 문제에 있어 진보적 입장을 보이고 있는 블룸버그 시장은 미국 사회를 갈수록 보수화하고 있는 트럼프 대통령을 낙선시키는 것이 자신의 임무라고 여기고 있다. 실제로 현재까지 그가 집행한 텔레비전과 페이스북 광고는 다른 민주당 후보를 겨냥하기보다는 트럼프 대통령을 집중적으로 공격하고 있다. 얼마 전 인터뷰에서는 설령 자신이 민주당 후보가 되지 못한다 하더라도 민주당 최종 후보를 위해 재정적 지원을 아끼지 않을 것이라고 밝힌 바 있다. 그만큼 트럼프의 재선을 막기 위한 그의 결심은 확고해 보인다.

그러나 트럼프 대통령은 무엇보다 현직이라는 프리미엄을 안고 있다. 게다가 미국 경제는 현재 지속적인 활황세를 보이고 있다. 그의 미국 우선주의는 여전히 저학력·저소득 백인 유권자들에게 어필하고 있다. 이민자들을 규제하고 보호무역을 강화하며 동맹을 폄하하고 독재자들과 협상하려는 그의 정책과 행보는 많은 세계인의 반감을 사고 있지만 아쉽게 이들에게는 미국 선거 투표권이 없다. 한국의 경우도 마찬가지다. 많은 한국인이 그의 낙선을 바라겠지만 이를 위해 할 수 있는 일은 별로 없다. 단지 민주당의 후보들이 좀 더 선전하기를 바랄 뿐이다.

아주경제 2020년 1월 30일

코로나 바이러스로 분열되는 지구촌

전 세계로 급격히 확산되고 있는 코로나 바이러스는 지구촌에 엄청난 충격과 피해를 주고 있다. 국제 금융시장은 거의 공황 상태에 놓여, 미국 주식 시장은 2008년 금융위기 이후 최대 낙폭을 보이고 있다. 많은 공장이 가동을 중단했고, 소비는 꽁꽁 얼어 붙었으며, 사람들은 이동을 자제하고 있다. 그러나 이보다 더 우려되는 것은 코로나 바이러스가 지구촌을 점차 분열과 갈등으로 몰고 가고 있는 점이다. 국가 간에 반목과 대립이 생기고 국가 내에서도 서로를 의심하고 공격하는 상황이 벌어지고 있다. 이 바이러스가 언젠가는 기세가 꺾이고 사라지겠지만, 이러한 갈등과 분열의 모습은 지구촌의 영원한 상처로 남을 가능성이 있다.

먼저 국가 간 갈등을 보자. 처음 바이러스가 중국의 우한에서 시작되어 주변으로 급속히 확산하자 여기에 효과적으로 대처하지 못한 중국 정부에 대한 각국의 비난이 이어졌다. 정보를 차단하고 비밀 유지에 급급해서 사태를 악화시켰다는 서방의 공격이 계속되었다. 일부 미국의 정치 지도자들은 이것이 중국 체제의 결함에 기인한다고 단언하며 트럼프 행정부가 밀어붙이는 대 중국 견제에 힘을 실어주었다. '우한 폐렴'이라는 최초의 명칭도 중국을 비난하는 의도를 반영했다. 이웃인 한국에서마저도 중국인들의 미개한 식습관이 문제의 발단이라는 비난이 쏟아졌다.

그 이후 이 바이러스가 일본과 한국으로 퍼지자, 이번에는 서방에서 동양인 전체에 대해 혐오하고 비하하는 분위기가 확산되었다. 마켓이나 공공장소에서 동양인과의 접촉을 피하고 회피하는 사례가 발생했다. 이와 아울러 아시아 내 발병국가 간에도 갈등과 반목이 표출되었다. 먼저 한국에서는 중국인을 회피하며 중국인의 입국을 금지하자는 여론이 팽배해졌다. 특히 문재인 대통령이 "중국의 고통이 한국의 고통"이라며 중국을 두둔하자 불만은 더욱 고조되었다. 아직까지도 야권과 많은 시민들은 이를 주장하고 있고, 정부에서는 실효성 없는 때늦은 조치라고 반대하고 있다.

이제 중국 내 상황이 약간의 진정세를 보이고 대신 한국 내 발병이 급증하자, 이번에는 중국 내에서 한국을 견제하고 한국인의 입국을 제한하는 사태가 늘고 있다. 아직 중국 정부의 공식적 입장은 아니지만 여러 성이나 도시에서 자체적으로 한국인 격리를 시행하고 있고, 일부 중국인들은 자신들 거주지 한국인을 단속하는 실정이다. 이 현상은 중국에 국한되지 않는다. 한국인에 대한 입국 금지나 제한은 현재 지구촌 70여개 국가에서 행해지고 있고 이는 더욱 확산될 것으로 보인다.

유럽이나 바이러스가 확산되는 기타 지역에서도 이러한 외국인 입국 금지나 제한이 점차 늘어나는 추세이다. 최근 발병이 늘고 있는 이란, 이탈리아 등 국가에 대한 경우가 특히 그러하다. 이 바이러스의 확산을 막자면 이는 불가피한 조치이다. 그러나 이것이 방역을 위한 단순한 물리적인 차단으로 끝나지 않고 국가 간, 국민 간 심리적·정서적 갈등 및 반목으로 이어지는 것이 문제다. 특히 국내 정치 문제와 맞물려 이러한 현상은 더욱 심화되고 있다. 선거를 앞둔 미국, 한국 등에서 정치인들이 이 사태를 계기로 외국인 혐오를 조장하는 민족주의를 내세우는 것이 문제가 될 수 있다.

미국에서는 트럼프 대통령이 이번 사태가 자신의 재선에 영향을 줄까봐 노심초사하고 있다. 미국 내 상황은 안정적이라고 강변하면서 문제를 언론의 선정적인 보도와 야권의 정치적 비난에 돌리고 있다. 중국보다 훨씬 우월한 의료체계를 자랑하는 미국은 충분히 이 상황을 통제할 수 있다고 자신한다. 반면 최악을 면했다고 느끼는 중국은 벌써 자신들의 일사불란한 관리와 통제가 사태 악화를 막았다고 자화자찬하고 있다. 관영매체들은 미국과 한국 같은 무질서한 개방사회에서는 불가능할 것이라는 진단까지 내놓고 있다. 환구시보는 벌써 시진핑 주석의 놀라운 지도력을 칭송하고 있는 상황이다.

국내 정치 상황과 맞물려 악화되는 이와 같은 국가 간 반목과 갈등은 최근 불고 있는 민족주의와 반지구화의 정서와 맞물려 더욱 증폭될 수 있다. 트럼프의 미국 우선주의와 영국의 브렉시트가 이런 분위기의 물꼬를 텄다면, 이번 바이러스는 이를 거대한 물줄기로 바꿔버릴 잠재력이 있다. 각국에서 외국인에 대한 혐오감이 늘어나고 타국에 대한 물리적·정서적 벽을 높게 쌓아 올린다면, 벌써 심화되고 있는 무역 보호주의와 더불어 지구촌은 더욱 분열된 모습을 보이게 될 것이다.

1980년대 이후 세계는 엄청난 속도로 세계화·개방화를 겪어 왔다. 국가 간 경계가 무너지고 사람과 물자·자본의 이동이 급격히 증가, 언론학자 마셜 맥루한이 예언하던 지구촌 시대가 마침내 도래했다. 그 결과, 인류는 많은 문명과 기술의 혜택을 누리며 전례 없는 번영을 구가했다. 그러나 최근의 분위기는 여기에 대한 거부감의 확산이다. 이 세계화 과정에서 소외된 계층 및 국가가 이런 분위기에 앞장서 왔다. 안타깝게 이번 바이러스 사태를 통해 이 분위기가 더욱 넓은 계층과 더욱 많은 국가에 퍼지고 있다.

이럴수록 세계화에 따른 부작용 확산을 막는 장치와 기구가 절실하게 요구된다. 바이러스와 같은 건강 문제의 경우 세계보건기구(WHO)가 그러한 역할을 담당해야 한다. 1948년 유엔 기구로 출범한 WHO는 과거 한국의 이종욱 박사가 사무총장직을 수행했고 최근에는 홍콩의 마거릿 챈이 이 조직을 이끌었다. 현재는 에티오피아 국적의 데드로스 아드하놈 게브레예수스가 사무총장직을 맡고 있다. 현 총장이 중국의 지지를 얻어 수장에 올랐기 때문에 중국에 대해 관대했고 이 때문에 바이러스 초기에 위기 상황 선포를 주저했다는 비난이 벌써 나돌고 있다. 이것이 사실인지는 확실치 않지만 이러한 비난 배경에도 국가 간 반목과 갈등이 존재하는 것 같아서 우려스럽다.

아주경제 2020년 3월 2일

코로나로 엇갈린 세계 지도자들의 운명

무서운 기세로 전 세계를 휩쓸고 있는 코로나 바이러스는 대부분 국가 지도자들에게 크나큰 시련을 안겨주고 있다. 미국의 트럼프 대통령은 초기에 이 전염병의 파괴력을 과소평가하고 안일한 대응을 했다가 사태가 급격히 확산되면서 큰 비난에 직면하고 있다. 경제 호황으로 재선을 자신하던 트럼프 대통령에게는 엄청난 악재가 되어 잘못하면 11월 선거에서 패배할 수도 있는 지경에 놓이게 되었다. 자신의 임기 중 기록적으로 올랐던 주가는 이제 임기 전 수준으로 폭락했고, 미국 경제는 급격히 악화되고 있는 상황이다.

유럽의 지도자들도 초기에 소극적으로 대처하다가 이제 상황이 엄청나게 악화되는 상황에서 많은 시련을 겪고 있다. 피해가 가장 큰 이탈리아뿐 아니라 희생자가 계속 증가하는 인근 스페인, 프랑스에서도 정부 당국에 대한 시민들의 불만이 증폭하고 있다. 유럽 역시 경제는 만신창이가 되어가고 있고 시민들의 공포는 날로 커지고 있다. 유럽 통합의 상징인 자유 통행의 원칙이 하루아침에 사라지고 각국은 빗장을 걸어잠그며 주변국을 경계하고 있다. 시민들의 희생과 불편이 가중될수록 정치권에 대한 반감은 더욱 확산될 것이다.

최초에 이 바이러스가 발병한 중국의 상황은 아직 가변적이다. 초기에 중국 정부의 대처가 소극적이었고 느렸기 때문에 문제가 악화되었다는 점에서 당국의 책임은 면할 수 없다. 게다가 처음부터 이 전염병의 위험성을 경고한 의료진에게 압력을 가하고 이들을 침묵시킨 점은 크나큰 실책으로 남게 될 것이다. 그러나 나중에나마 공격적으로 발병 도시인 우한 및 인근 후베이 성을 봉쇄하고 신속하게 임시 병동을 건설하고 모든 의료 자원을 총동원하여 사태를 진정시킨 점은 인정받게 될 것이다.

그러나 중국의 사태가 완전히 끝났다고 단정하기 어렵다. 중국 당국의 발표에 대한 신빙성이 없기 때문이다. 그리고 초기 대응 실패로 비난 받던 시진핑 주석이 이를 만회하기 위해 무리수를 두고 있는 점은 문제가 된다. 중국 당국은 관영 언론을 동원해 시 주석의 대처 능력을 칭송하고 있지만 한 번 금이 간 그에 대한 신뢰감이 쉽게 회복되지는 않을 것이다. 중국이 초기 발병국이 아니라는 메시지를 보내는 것도 별 도움이 되지 않는다. 이번 사태로 시 주석의 지도력은 큰 타격을 받을 것이고 어쩌면 그의 장기 집권 계획에도 차질을 빚게 될 것이다.

한국의 경우에는 찬반이 교체되는 상황이다. 외부에서는 한국 정부의 발 빠른 대처에 대체적으로 긍정적 평가를 내리는 반면, 국내 내부에서는 많은 사람들이 중국인들의 입국을 초기에 막지 않은 점에 대해 공격하고 있다. 외부의 긍정 평가는 주로 신속한 테스트, 철저한 확진자 추적 및 격리, 사회적 거리 두기 운동에 기인한다. 그러나 사태가 막 확산하려는 시점에 문재인 대통령이 상황이 곧 끝날 것이라는 안일한 발표를 한 점이나 우리도 부족한 마스크를 해외에 수출하고 지원했던 점 등은 정부의 큰 실책으로 평가된다. 향후 이 바이러스의 진행 및 이에 따른 피해 여부, 정부의 대처 등은 다음 달 국회의원 선거에서 큰 변수로 작용할 전망이다.

그러나 대체적으로 보면 유럽·미국 등 서방 사회가 현재 더 큰 희생자를 보이는 반면, 최초 발병지인 중국을 비롯한 아시아에서는 사태가 진정되고 있고 이에 따라 이 지역 지도자들은 상대적으로 덜 불리한 상황에 놓여 있다. 특히 홍콩·싱가포르·대만 등이 성공적으로 바이러스에 대처한 것으로 평가받고 있고, 그에 따라 이들 국가 지도자가 인정받고 있다. 싱가포르의 리센룽 총리와 대만의 차이잉원 총통이 특히 그러한데, 이들 국가가 중국과 지리적 혹은 경제적으로 긴밀한 관계인데도 이번에 피해를 크게 줄일 수 있었기 때문이다.

특히 대만의 경우는 전염병 대처에 있어 향후 모범 사례가 될 수 있다. 대만은 총통 선거가 한창이던 12월 말 벌써 문제의 심각성을 파악하고 신속한 대처에 나섰다. 보건 당국자들이 우한을 방문하여 상황을 현장에서 파악하고 1월에 접어들자 바로 중국 방문객의 입국 금지와 함께 마스크 수출을 금지했다. 마스크 생산을 늘리고 한 장당 가격을 200원에 묶었으며, 빅데이터를 이용해 의심환자들을 철저히 추적하고 격리시켰다. 총 124개의 안전 수칙을 발표했고, 언론 기관을 통해 예방법 등을 지속적으로 공지 및 교육시켰다. 그 결과 현재 확진자는 100명 내외이고 사망은 단 한명이다.

약 85만명의 내국인이 중국에 거주 중이고 중국에서 불과 130㎞ 해협 건너에 위치한 대만에서 이런 성과를 냈다는 것은 대단한 일이다. 2003년 사스 사태 때에 교훈을 얻어 이런 상황에 대한 만반의 준비를 갖춰 놓은 것이 큰 이유이다. 이로 인해 차이잉원 총통의 지지도는 지난달 전 월 대비 약 12% 포인트가 올라 69%에 달했다. 차이 총통은 1월 재선에 성공했는데, 이는 사실 의외의 결과였다. 지난해 홍콩의 대규모 민주화 데모와 이에 대한 중국의 탄압에 자극 받아 대만 국민들은 중국으로부터 독립을 주장하는 차이 총통에게 지지를 보냈던 것이다. 그 얼마 전만 해도 그의 재선은 불가능하게 보였다. 어쨌든 이번 바이러스 사태에서 차이 총통은 가장 성공적인 리더십을 보였다.

대체적으로 아시아 지도자들이 이번 사태에서 서방의 지도자들보다 돋보였던 것은 운도 따랐기 때문이다. 먼저 발병한 지역이기에 먼저 대처할 수 있었다. 또 지난번 사스 때 크게 당해 이에 대한 준비를 철저히 했기 때문이다. 그리고 자유분방하고 권위와 규제를 싫어하는 서양인들에 비해 아시아인들은 규율과 절제를 지키는 경향이 높기 때문이다. 불편한 조치를 정부가 요구해도 대부분 묵묵히 따라준다. 그렇다 해도 정치 지도력에 따라 각국에서 이번 바이러스의 명암이 엇갈렸던 것은 분명한 사실이다. 아직 그 명암이 확실치 않은 한국에서는 가능하면 밝은 미래가 있기를 희망해 본다.

아주경제 2020년 3월 23일

펜데믹, 탈세계화, 그리고 한국의 선택

세계를 뒤엎고 있는 코로나 바이러스가 언제 사라질지 알 수는 없지만 한 가지 확실한 것은 이것이 세계화를 정지, 혹은 둔화시킨다는 것이다. 많은 전문가들은 이번 팬데믹을 통해 노출된 세계화의 치명적 약점을 거론하며 이제는 탈세계화 시대가 도래할 것으로 전망한다. 지난 수 십년간 숨이 차도록 빠르게 진행되어 온 세계화가 중단된다면 그간 나름대로 그 혜택을 보아오던 한국의 선택은 무엇인지 심각하게 고려할 시점이다. 어쩌면 한국에 이는 엄청난 기회일 수도 있고 크나큰 위기가 될 수도 있다.

사실 세계화에 대한 반발의 기류는 이번 역병이 창궐하기 전부터 도처에서 발견되었다. 2016년 미국 트럼프 대통령의 당선이 그 시초였고 그 후 영국의 유럽연합(EU) 탈퇴에서 이는 재차 확인되었다. 트럼프 대통령 이전 오바마 대통령도 해외로 몰려가는 미국의 생산기지들을 미국 본

토로 회귀시키려는 노력을 한 바가 있다. 이는 임금이나 물가가 싼 곳으로 무조건 생산 거점을 옮기는 다국적기업들 때문에 본국의 노동자들이 일자리를 잃는 데 대한 대책이었다.

그러나 앞으로는 정부가 굳이 이런 노력을 하지 않아도 세계적인 기업들은 향후 자국이나 자국에서 가까운 지역으로 생산 기지를 옮기려는 유혹을 받을 것이다. 이는 이번 바이러스 때문에 많은 국가가 봉쇄 조치를 취한 결과 국제적인 공급망이 붕괴되었기 때문이다. 이로 인해 적기에 필요 부품을 공급받을 수 없게 된 많은 다국적기업들이 생산을 중단하는 사태가 오게 되었다. 이 마당에 향후에 좀 더 자국 내 생산을 늘리려는 시도는 아마 당연한 추세가 될 것이다.

물자의 이동뿐 아니라 인적 이동의 제한도 탈세계화를 가속화시킬 수 있다. 항공 시스템이 거의 붕괴되고 각국의 검역 통제가 강화된 상황에서 벌써 국가 간 이동은 최소화했고 이는 단기간에 회복되기 어렵다. 각국의 보호주의와 국수주의가 강화되면서 이민에도 많은 제약이 따를 것이다. 벌써 미국 정부는 한시적으로 가족 간의 이민 비자 발급마저도 중단한 상태이다. 아울러 해외 유학도 타격을 입을 전망이다. 벌써 미국에 있던 유학생들 상당수가 본국으로 귀국했다. 이번 학기 한국 대학에서 공부하려던 외국 유학생들도 많은 경우 입국을 포기했다.

그간 세계화의 첨병 역할을 했던 국제기구도 이번 사태를 통해 그 영향력이 감소하고 있다. 세계보건기구(WHO)의 경우 바이러스에 대한 대처가 미흡했다는 이유로 트럼프 대통령의 공격을 받고 있고, 미국 정부는 지원금을 중단한 상태다. 국제기구의 영향력 감소는 이번 사태 전에도 진행되고 있었다. 자국 이익에 반한다는 이유로 트럼프 행정부는 유네스코를 탈퇴했고 파리 기후 협정, 이란 핵 협상 등 국제적인 약속을 벌써 저버린 바 있다. 영국의 탈퇴로 인해 EU의 위상이 약화되었고, 트럼프 대통령은 계속적으로 북대서양조약기구(NATO)를 폄하하고 있다.

이런 사태를 종합하면 한마디로 냉전시대 현실주의로의 복귀라고 말할 수 있다. 특히 미국과 중국의 대결이 계속된다면 이는 신냉전시대의 도래로 이어질 것이다. 게다가 이번 팬데믹으로 인해 현실주의에 입각한 국가의 권력은 한층 강화되는 추세다. 각국 정부가 천문학적인 금액의 재난 지원금을 뿌리고 있고 이 과정에서 정부 조직은 확장되는 추세다. 자유주의나 구성주의에 입각한 국제 협력, 특히 국제기구를 통한 국제 공조는 갈수록 요원한 얘기가 되고 있다.

물론 세계가 이런 공동의 위협에 처했기 때문에 국제 협력과 공조가 더욱 강화되어야 하고 그렇게 될 것이라는 의견도 있다. 사실 수십년간 진행되어온 세계화가 한꺼번에 중단 내지 둔화되지는 않을 것이다. 벌써 거미줄처럼 연결된 세계의 무역·금융·통신망이 여전히 그 기능을 유지할 것이고, 세계화의 기틀은 건재할 것이다. 미국의 경우도 트럼프 대통령이 재선에 실패한다면 고립주의에서 벗어나 다시 한번 세계의 지도력을 발휘할 수 있다.

그러나 이번 팬데믹을 통해 보여준 미국의 지도력은 너무나 허약했다. 미국 내부에서조차도 지도력은 실종되었다. 방역 대책이 허술했고,

의료 시스템은 취약하기 그지 없었다. 유럽 역시 많은 국가가 제대로 대처하지 못해 많은 피해를 입었다. 최초 발병국인 중국의 경우 억압적인 봉쇄 정책으로 사태를 해결하고 있지만, 이러한 권위주의적인 방법에 대해서는 많은 국가가 회의를 느끼고 있다.

결국 이번 사태에서 가장 주목 받는 나라는 한국이 되었다. 중국식의 권위주의적 통제도 아니고 미국식의 느슨한 자유방임도 아닌 중간적인 정책을 통해 성공적으로 바이러스를 관리하고 있기 때문이다. 보건 당국의 체계적인 관리와 아울러 시민들의 자발적인 협조를 통해 얻어낸 성과이다. 이는 사실 한국이 과거 빠른 경제 성장을 이룩한 발전 모델과도 흡사하다. 경제 개발 5개년 계획을 통해 명확한 방향과 정책을 제시하는 관료 조직과 이에 적극적으로 협력하는 민간 부문 양자의 조화를 통해 이뤄낸 독특한 개발 형식이다. 미국식 워싱턴 컨센서스도 아니고 중국식 베이징 컨센서스도 아닌 한국식 모델인 것이다.

이런 점에서 이번 코로나 바이러스는 한국에 위기이자 기회일 수 있다. 팬데믹이 몰고올 탈세계화는 분명 한국에 악재임에 틀림없다. 경제의 80%를 무역에 의존하는 한국으로서 국제무역의 침체는 큰 장애물이 될 것이다. 그러나 반면 한국이 이번에 보여준 바이러스 대처 모델은 많은 가능성을 보여준다. 벌써 여러 나라에서 이를 배우고 있는 중이다. 이를 통해 우리의 지식을 해외에 전파하고 국제적 영향력을 높일 수도 있다. 이 양자 중 어느 길로 나가게 될지는 결국 우리가 하기 나름일 것이다.

아주경제 2020년 4월 30일

K방역과 중견국 외교...
국격 상승의 기회로

코로나 바이러스가 한국과 한국민에게 여러 가지 고통을 주는 가운데에도 오히려 도움을 주는 측면도 있다. 성공적인 바이러스 대처로 인해 국제사회에서 인정받고 찬사를 받은 점이다. 미국을 포함한 많은 선진국이 코로나 바이러스 방역에 실패해 국내외적으로 비난과 조롱을 받은 것과는 크게 비교된다. 초기 중국과 더불어 가장 피해가 극심했던 한국은 이후 적극적인 검사, 체계적인 추적 관리, 치료를 통해 방역에 있어 전 세계의 모범국이 되었다. 이를 바탕으로 국내적으로는 지난 4월에 있었던 국회의원 선거에서 집권당이 압승을 했다. 밖으로는 한국의 신뢰도가 상승하고 이미지가 크게 개선되는 등 국격이 제고되는 효과가 있었다. 이를 방증하듯 미국의 트럼프 대통령은 오는 9월로 예정된 G7 정상회담에 한국을 초대하여 G11을 구성하자는 제안까지 했다.

트럼프 대통령의 제안이 실현될지는 알 수 없으나 확실한 것은 국제사회에서 한껏 높아진 한국의 위상이다. 정부는 이를 바탕으로 본격적인 중견국 외교를 추진하려는 계획이다. 중견국(middle power) 외교란 강대국이 크게 신경쓰지 않는 분야에서 중간 정도의 국력을 가진 국가가 창조적인 외교 활동을 통해 국제사회와 자신의 국익에 기여하려는 것이다. 노르웨이가 평화 및 분쟁 조정 분야에서 탁월한 외교력을 발휘해서 평화 애호 국가라는 명성을 쌓은 것이 한 예이다. 스웨덴도 페미니즘 외교를 통해 전 세계 여성 지위 향상을 도모하는 동시에 자국의 소프트파워를 강화하고 있다. 또한 캐나다는 강대국이 관심을 갖는 국가 안보가 아니라 개인의 인권, 복지, 건강 등을 강조하는 인간 안보 분야에서 두각을 나타내고 있다.

한국은 그간 국제사회가 직면하고 있는 환경 문제, 개발 협력 등 분야에서 나름대로의 역할을 하기 위해 노력해 왔지만 아직 그 실적은 미미한 편이다. 그러나 이번 코로나 바이러스 사태를 통해 한국 정부는 질병, 건강 문제에 있어 국제적인 영향력을 발휘하고자 시도하고 있다. 먼저 문재인 대통령은 G20 화상 정상회담을 통해 국제적 질병 퇴치 협력 체계를 구축하자고 제안했다. 이어 강경화 외교장관은 세계보건기구(WHO)와 유네스코 등 국제 기구를 중심으로 국제적인 국가 연합을 구성하여 이를 구체적으로 실현시키는 작업을 진행하고 있다. 외교부 산하 국제교류재단 등 여타 정부 조직들은 한국의 성공적인 바이러스 방역 경험과 지식을 타국에 전파하는 여러 가지 방법을 모색 중이다.

이러한 한국의 조치들은 전형적인 중견국의 공공외교 형태로, 국제사회에서 한국의 위상을 확고히 높이는 데 기여할 것으로 기대된다. 미국·영국 등 서방의 선진국들이 바이러스 방역 실패로 국제사회에서 위상이 추락하고 있고, 중국은 방역에는 어느 정도 성공했으나 그 방법이 억압적이고 폐쇄적이었기 때문에 역시 큰 호응을 얻지 못하는 상황에서, 한국의 행보는 국제사회에서 큰 반향을 일으키고 있다. 전문가들은 이번 역병의 와중에 국제사회에서 국가 간 위상과 서열이 크게 바뀔 것이고 여기에서 한국이 가장 큰 수혜자 중 하나가 될 것으로 진단한다. 특히 많은 나라가 바이러스 차단을 위해 자국의 문호를 폐쇄하고 장벽을 높이는 마당에 한국이 취한 개방적이고 포용적인 정책은 국제사회에서 인정받을 만하다. 또한 미국의 트럼프 행정부가 국제사회에서 미국의 지도력을 포기하는 상황에서 한국의 역할은 더욱 돋보인다.

여기에는 오랫동안 다자외교 분야에서 활동해온 강경화 외교장관의 역할이 큰 것으로 판단된다. 사실 한국은 오랫동안 미·중·일·러 등 주변 4강을 상대로 한 양자외교에 익숙해 왔기 때문에 중견국 외교에 필수적인 다자 외교에는 취약한 편이었다. 특히 국가 간 네트워크를 바탕으로 진행되는 현대의 공공외교에서는 많은 한계를 갖고 있다. 그러나 이번 바이러스 사태를 겪으면서 높아진 한국의 위상을 보다 공고하게 하기 위해서는 네트워크 기반의 열린 다자외교는 필수적인 요건이다. 이 점은 얼마 전 창립된 공공외교 학회 출범 학술대회에서 많은 참석자들이 공통적으로 지적한 사항이다.

그러나 한국이 열린 중견국 외교를 실천하기 위해서는 많은 장애물이 존재한다. 먼저 국민들의 사고방식이 그만큼 열리지 않은 점이 지적된다. 스웨덴, 노르웨이 등 북유럽의 모범적인 중견국들의 공통점은 외부와의 오랜 접촉을 통해 국민들이 타자를 포용하는 다원적인 사고방식을 갖추고 있다는 점이다. 외부와의 교류가 일천한 한국의 경우에는 아직도 외부 세력에 대한 피해의식이 잠재해 있고, 이는 곧잘 배타적인 민족주의 형태로 나타난다. 선진국에 대해서는 비교적 관대하지만 동남아 후진국에 대해서는 우월감을 바탕으로 깔보는 태도 역시 문제가 될 수 있다.

또 하나의 장애물은 일본과의 관계다. 중견국 외교를 위해서는 친구를 많이 사귀는 것도 중요하지만 적을 만들지 말아야 한다. 그러나 일본은 국제사회에서 한국의 도약을 방해하는 잠재적인 적이 되고 있다. 트럼프 대통령이 제안한 한국의 G7 합류도 일본이 반대하고 있어 어려울 전망이다. 세계무역기구(WTO) 사무총장에 출마한 유명희 통상장관도 일본의 반발에 직면해 있다. 과거 반기문 유엔 사무총장 선출 시에도 15개 안전보장이사회 국가 중 일본이 유일하게 반대한 것으로 알려져 있다. 국제사법재판소나 유네스코 등 국제기구에서도 일본의 영향력은 한국보다 훨씬 막강하기 때문에 일본의 협력 없이 한국이 국제사회에서 위상을 높이기는 쉽지 않다. 과거사나 영토 문제 등 일본 정부의 행태는 분명히 문제가 된다. 그러나 보다 먼 차원의 국익을 위해 일본을 직접적으로 자극하지 않고 문제를 풀어가는 보다 창의적인 외교가 절실하다. 그래야만 모처럼 한국이 맞은 국제사회에서의 국격 상승 기회를 낭비하지 않게 될 것이다.

아주경제 2020년 7월 13일

美대선과 미디어 전쟁

지난 주 열린 미국 민주당의 전당 대회에서 조 바이든 전 부통령이 대통령으로 지명되었고 이제 공화당도 곧 트럼프 대통령을 지명할 예정이다. 11월 초 대선에서 이 둘 중 한 사람이 승리하면 향후 4년간 미국을 이끌어 가게 된다. 미국인 뿐 아니라 전 세계인이 초강대국 미국의 대선 결과를 예의 주시하게 될 것이다. 그런데 이번 미국 대선은 수많은 변수들이 복병처럼 자리 잡고 있어 불확실성이 그 어떤 때보다 크다. 누가 이길까 하는 의문도 크지만 과연 팬데믹의 와중에서 선거가 무난하게 치러질까 하는 의구심도 상당하다. 경제 위기 및 인종 갈등으로 미국 사회에 불안감이 최고도에 달한 가운데 각종 언론 매체가 쏟아내는 수많은 진실, 혹은 거짓 정보들로 인해 한치 앞도 내다볼 수 없는 상황에 있다.

최근의 여론 조사에 따르면 바이던 후보가 약간 앞서는 것으로 나오지만 그 격차가 줄어든다는 조사 결과도 속속 나오고 있다. 4년전 선거에서 힐러리 클린튼 후보가 여론조사에서 상당히 앞섰지만 결과적으로 트럼프가 당선된 것으로 보면 알 수 없는 일이다. 4년 전처럼 트럼프를 내심 지지하지만 여론 조사에서 속내를 드러내지 않았던 샤이 트럼프가 여전히 많이 존재한다면 여론 조사 결과는 믿을 수 없을 것이다. 전문가들은 향 후 코로나 바이러스의 향방, 그리고 이에 따른 경제 회복 여부에 따라 결과가 크게 달라질 것으로 예측한다.

또 한 가지 큰 변수는 현재 미국에서 큰 논란이 되고 있는 우편 투표이다. 바이러스의 확산으로 많은 미국인들이 우편 투표를 계획하고 있는데 조사에 의하면 이들 중 많은 숫자가 민주당의 바이던을 선호한다. 트럼프 대통령이 코로나 바이러스의 위험을 과소평가하고 마스크 착용 등 방역 수칙을 무시하는 경향이 있고 그 지지자들도 비슷한 성향을 보이는 반면 민주당 지지자들은 좀 더 방역 수칙을 준수하고자 하는 경향이 있기 때문이다. 이 때문에 우편 투표가 많아지면 바이든 후보가 더 유리할 것이라는 게 일반적인 관측이다.

이에 트럼프 대통령은 암암리에 우편 투표를 폄하하고 있다. 부정의 소지가 있다는 것이 그의 주장이다. 특히 미국의 우정국의 과중한 업무 부담을 들어 우편 투표의 부작용과 위험성을 연일 강조하고 있다. 자신의 측근인 우정국 최고 책임자 역시 우편 투표가 쉽지 않을 것이라고 거들고 있는 상황이다. 이런 논란 속에서 만약 트럼프 대통령이 당선이 어렵다고 판단될 때 선거 과정에 대해 문제를 제기하고 소송을 하게 되면 대법원이 개입하게 되고 결과는 오랫동안 알 수 없는 미궁에 빠지게 된다. 실제로 2000년 대선에서 조지 부시 대통령은 알 고어 후보보다 미국 전체 유권자 득표에서는 뒤졌지만 논란 많은 대법원의 판단에 따라 당선이 확정된 바 있다.

문제는 대선 관련 이러한 논란과 갈등이 언론 매체를 통해 더욱 증폭된다는 점이다. 현재 미국 언론은 한국처럼 극단적으로 좌우로 분열되어 있는 상황이다. 뉴욕타임즈, 워싱턴포스트, CNN 등 전통적 유력 매체들은 반트럼프 진영에 있고 폭스뉴스, OAN, 내셔널 리뷰, 위클리 스탠다드 등 신생에 가까운 매체들은 트럼프를 지지하는 쪽에 있다. 브라이트바트 등 많은 인터넷 기반 매체들도 공화당을 지지하는 우파 세력이다. 여기에다 트럼프 대통령은 본인이 직접 트위터를 통해 지지자들과 소통하고 있어 힘을 얻고 있다. 7000만명이 넘는 팔로워들은 트럼프 대통령이 보내는 트윗을 실시간으로 접하며 그의 정치적 자산으로 활용되고 있다.

인터넷 기반 매체나 소셜 미디어의 경우는 전통적 매체보다 신뢰성을 담보 할 수 없기 때문에 많은 음모론의 온상이 되는 것이 문제다. 특히 큐아논(Qanon)이라는 극우 음모론 추종집단은 소셜 미디어를 통해 정치 관련 많은 음모를 유포하고 있다. 예를 들어 미국 민주당이 아동 성착취에 관련되었다는 근거없는 소문을 퍼뜨린 바 있다. 우편 투표에 대한 의혹이나 코로나 바이러스 관련 각종 거짓 정보도 이러한 매체들을 통해 유포되고 확산되고 있어 미국 사회의 혼란을 가중시키고 있다.

이에 페이스북이나 트위터 등 대형 소셜 미디어 플랫폼들은 나름대로 대처하려고 하나 역부족이다. 특히 페이스북은 자신의 싸이트에 난무하는 혐오 발언 등을 단속하는데 소극적이어서 비난을 받고 있고 이는 광고주들의 보이코트로 연결되고 있다. 백인 경찰의 가혹행위로 사망한 흑인 조지 플로이드로 인해 야기된 데모 사태 때 트럼프 대통령의 "약탈이 시작되면 총격이 시작된다"는 섬뜩한 발언을 여과없이 내 보내 공격을 받았다. 트위터가 발빠르게 이를 단속한 것과는 비교되어 더욱 수세에 몰렸다. 마크 저커버그 창업자는 표현의 자유를 들어 페이스북 입장을 옹호하고 있으나 비난을 피할 수는 없었다.

미국에서 정치인은 미디어를 잘 활용하는 것이 항상 중요했다. 프랭클린 루즈벨트 대통령은 그 당시 신 미디어인 라디오를 효과적으로 이용해 대중의 지지를 얻었고 케네디 대통령은 TV 토론에서 닉슨 후보를 압도해서 선거에 이겼다. 오바마와 트럼프 대통령도 선거에서 소셜 미디어의 덕을 많이 보았다. 이번 미국 선거에서도 미디어는 중요한 변수가 될 것이다. 미디어, 특히 소셜 미디어가 많이 발달한 한국으로서는 관심을 갖고 지켜볼 일이다. 이념적으로 사회와 언론이 극심하게 분열되는 것이 양국이 비슷하기 때문에 더욱 그러하다.

아주경제 2020년 8월 24일

스가 총리 출범과 한일 관계

신병으로 사임한 신조 아베 후임으로 스가 요시히데 일본 총리가 새로 취임함에 따라 향후 한일 관계에 대한 관심이 높아지고 있다. 그러나 불행하게 현재까지 상황으로는 크게 개선될 조짐이 보이지 않는다. 수교 후 최악의 상태인 한일 관계는 과거사 문제에다 무역, 안보 분야까지 확장되어 실타래처럼 꼬인 상태이지만 신임 스가 총리는 전임 아베 총리의 강경 입장을 고수하겠다는 입장이다. 지난 주 문재인 대통령과의 전화 통화에서도 여전히 한국의 강제징용 배상 판결이 국제법을 위반했음을 지적했다.

스가 총리의 등장 배경을 살펴볼 때 이는 어느 정도 예상되었던 상황이다. 전임 아베 총리 시절 관방장관으로 그림자처럼 2인자 역할을 충실히 수행했던 스가 총리가 새로운 행보를 보이는 것은 기대할 수 없었다. 특히 외교 분야에 취약하다는 평을 받는 그로서는 새로운 위험을 감수할 수가 없는 실정이다. 그가 새로 구성한 내각은 전임 내각의 인사들을 대부분 유지했다. 특히 작년 한국에 보복적인 수출 규제를 강행한 가지야마 경제 산업성 장관을 유임시킨 것은 한국에 대한 압력을 계속하겠다는 것으로 풀이된다.

이와 관련 대외경제정책연구원은 최근 보고서에서 스가 총리가 차기 총선 때 까지는 현재의 강경 대한 기조를 유지할 것으로 예측했다. 관방장관 시절 그는 특히 강제징용 배상 판결을 심하게 비난했는데 이 점에는 변화가 없을 것으로 전망했다. 한국 법원이 배상을 위해 문제가 된 일본제철의 한국 내 자산 매각을 단행한다면 한일 관계는 그야말로 돌이킬 수 없는 적대관계로 악화될 것이다. 그러나 이 보고서는 일년 정도 남은 차기 총선에서 만약 스가 총리가 승리하여 재집권한다면 정책 기조가 바뀔 수 있다고 예측했다. 스가 총리도 자신감을 갖고 자신만의 정책을 추진할 것이라는 판단이다.

그러나 설사 그가 재집권한다 해도 문제는 여전히 남아 있다. 그 후 얼마 지나지 않아 2022년 3월에는 한국에서 대통령 선거가 있게 되는데 그 때에는 또 다시 반일 감정이 정치권을 중심으로 확산될 것이기 때문이다. 이와 관련 일본의 니혼게이자이 신문은 한국의 현 집권 세력이 국익을 위해 한일 관계 개선을 추구하기 보다는 여당과 시민단체 지지자들의 압력 때문에 반일 카드를 내세우게 될 것이라고 진단한 바 있다. 사실 한국의 젊은 유권자들에게 일본 문제는 언제나 가장 첨예한 이슈 중의 하나인데 정치인들이 이를 포기하는 것을 기대하기는 어렵다.

이와 관련해서 한 가지 변수는 최근 불거진 정의기억연대 관련 비리 사건이다. 정의연과 그 전신인 정대협을 통해 위안부를 위한 활동을 주도했던 현 더불어민주당 윤미향 국회의원은 최근 회계부정 등 준 사기 혐의로 기소되었다. 이를 계기로 그간 반일 운동에 앞장섰던 시민단체의 역할에 대해 일반인들의 회의가 갈수록 커지고 있는 상황이다. 만약 시민단체들이 겉으로는 위안부 할머니들을 위해 봉사한다면서 실제로는 자신들의 이익을 챙겨온 것으로 드러난다면 이들의 도덕성은 크게 훼손될 것이고 이는 향후 반일 운동의 동력을 대폭 약화시키게 될 것이다.

사실 정의연 비리 사건을 처음 폭로한 이용수 할머니는 위안부 관련 시민 운동이 그간 한국의 젊은 세대들에게 증오심만을 키워 주었다고 지적한 바 있다. 그 보다는 교육과 교류를 통해서 양국의 미래 세대들이 서로 신뢰와 우정을 쌓기를 희망했다. 이는 향후 건설적인 한일 관계를 위해 꼭 필요한 조치로 여겨진다. 한국과 일본의 젊은 세대가 지금처럼 서로에 대한 반목과 증오만을 배우게 된다면 미래 한일 관계는 지금 보다도 더욱 악화될 것이라는 것은 자명한 사실이다.

이와 관련해서 참고할 만한 사례가 평화의 씨앗(Seeds of Peace)이라는 프로그램이다. 1993년 미국의 존 왈라치(John Wallach)라는 언론인이 시작한 이 교류 협력 사업은 적대 관계에 있는 국가들의 청소년과 교육자들을 미국 메인 주의 한 장소에 모아 놓고 매년 한 달 동안 여름 캠프를 진행한다. 아랍국과 이스라엘, 인도와 파키스탄 등 적대국들의 젊은이들이 대화를 통해 서로의 입장을 이해하고 우정을 쌓는 이 프로그램을 통해 그간 6,000 여 명의 졸업생이 배출되었고 이들은 현재 세계 곳곳에서 평화를 위해 노력하고 있다. 과거 이스라엘과 팔레스타인의 역사적인 평화 협정을 체결하는 현장에 이들 졸업생들이 참석해 전 세계인의 평가를 받은 적도 있다.

이 프로그램이 정치 지도자들에 의해 악용된다는 비판도 있다. 정치인들이 자신들은 적대적 행위를 지속하면서 미래 세대에게 평화에 대한 의무를 족쇄처럼 지워준다는 비난이다. 피해를 가하는 측과 당하는 측을 동일하게 취급하며 모두에게 관용과 이해를 요구한다는 지적도 있다. 효과에 대한 의문도 있다. 이 사업이 수 십 년 지속되었지만 중동의 평화는 아직도 요원하다.

그러나 이러한 제한에도 불구하고 현재 한일 관계를 고려할 때 미래 세대를 위한 이러한 사업은 꼭 필요하다고 판단된다. 현재 양국의 지도자들이 정치적인 이해 타산 때문에 관계 개선을 하려는 의지가 전혀 보이지 않기 때문이다. 독일과 프랑스 등 유럽국가들은 비극적인 두 차례의 세계 대전을 치룬 후 그 직후부터 청소년을 위한 이러한 교류 협력 프로그램을 적극적으로 추진해 왔다. 그 결과 수 십 년이 지난 지금 유럽 통합이라는 어려운 목표를 달성하고 있다. 동아시아에서도 이런 미래가 불가능하리라는 법은 없을 것이다.

아주경제 2020년 9월 28일

트럼프 패배하면
美 언론 진실보도 효과일 듯

미국 대통령 선거가 코앞에 다가온 이 시점에서도 선거 결과를 예측하기가 힘들 정도로 각축을 벌이고 있지만 한 가지 확실한 것이 있다. 트럼프 대통령이 만약 패배한다면 가장 큰 이유는 미국의 자유로운 언론일 것이다. 트럼프 대통령은 임기 초부터 주류 언론을 "공공의 적(public enemy)" 혹은 "가짜 뉴스(fake news)"라고 공격하고 조롱했지만 결국 4년 동안 미국의 대표적인 엘리트 언론들은 민주주의를 지킨다는 사명감을 바탕으로 끊임없이 그의 치부와 실정을 파헤쳤고 이는 결국 그의 재선을 위태롭게 하고 있다.

현직 대통령의 프리미엄을 안고도 그가 고전하게 된 배경에는 물론 코로나 바이러스라는 초유의 사태가 있다. 그는 이 바이러스가 모처럼 활황을 보이는 미국 경제에 악영향을 미쳐 자신의 재선에 피해를 줄까봐 처음부터 이 역병을 과소평가하고 무시하려 했다. 그 결과 미국의 인명 피해는 엄청난 수준으로 치솟았고 그의 대표적인 실정으로 부각되고 있다. 이 실정을 낱낱이 파헤치며 공격한 것은 뉴욕타임스, 워싱턴포스트, CNN 등 역시 주류 언론이다. 매일 매일 급증하는 희생자 수를 강조하며 마스크 쓰기나 사회적 거리 두기를 배척하는 그에게 맹공을 퍼부었다.

반면 트럼프는 이러한 방역 수칙이 불필요하며 봉쇄 조치보다는 경제를 위해 모든 것을 정상화해야 한다고 강변했다. 이러한 메시지를 그는 주로 신생 언론이나 인터넷 매체를 통해 전달하고자 했다. 대표적인 보수 언론인 폭스 뉴스나 원아메리카뉴스네트워크(One America News Network), 브레이트바트 같은 소규모 신생 매체를 애용했다. 러시 림보 같은 극우 성향 라디오 토크쇼 호스트와 인터뷰도 즐겼다. 아울러 트위터를 이용해 직접적으로 지지자들과 소통하고자 했다.

트럼프의 이러한 전략은 4년 전 선거 때 어느 정도 효과를 거두었다. 특히 소셜 미디어에는 트럼프를 지지하는 세력들이 퍼뜨린 거짓 정보들이 난무했고 기존 레거시(legacy) 정통 언론의 목소리는 이 와중에 묻혀 버리고 말았다. 경쟁자 힐러리 클린턴을 비방하는 근거 없는 정보들이 양산되었고 이는 큰 힘을 발휘했다. 트럼프의 여성 문제, 인종 비하 혹은 세금 문제 등 그의 약점을 파헤치려는 기성 언론의 노력은 별 효력을 발휘하지 못했고 결국 그는 선거에서 승리했다.

그러나 이번 선거에서는 양상이 크게 변했다. 일단 트위터, 페이스북 등 소셜 미디어가 선거 관련 거짓 정보를 차단하기 위해 조치를 취했다. 트럼프 대통령 자신이 올린 부정확하거나 비방, 혐오성 포스트들을 삭제하거나 경고 조치했다. 큐아논(Qanon)이라 불리는 음모론 살포 세력의 메시지도 상당부분 걸러냈다. 그 결과 사이버 스페이스에서 트럼프에 유리하고 경쟁자 바이든 후보에 불리한 정보는 상당 부분 줄어들었다.

그러나 더 중요한 것은 진실 보도를 위한 주류 언론의 부단한 노력이었다. 뉴욕타임스는 몇 개월 동안 수많은 인원을 동원한 탐사 보도를 통해서 트럼프가 지난 몇 년간 불과 몇 천 달러 밖에 세금을 납부하지 않은 사실을 밝혀냈다. 워싱턴포스트는 역시 집요한 취재를 통해서 트럼프 외교 정책의 실정을 폭로했다. 워터게이트 보도로 유명한 이 신문의 밥 우드워드 대기자는 그의 저서 Rage(분노)에서 트럼프가 초기부터 코로나 바이러스의 치명성을 알고도 이에 대한 조치를 취하지 않아 엄청난 피해를 입었음을 보도했다.

대체적으로 진보적인 이러한 매체들이 보수적인 트럼프 대통령에게 부정적 기사를 보도하는 것은 어느 정도 이해가 된다. 그러나 보수 성향으로 분류되는 월스트리트저널 같은 매체도 진실 보도를 위해서는 트럼프 대통령에 대한 공격을 멈추지 않는다. 이를 보여주는 사건이 최근 발생했다. 트럼프의 측근 한 명은 몇 주 전 경쟁자 조 바이든의 아들 헌터 바이든과 관련한 비밀 첩보를 이 신문에 전달했다. 아들의 비위에 바이든 후보가 연루되었다는 내용이었다. 정보의 신빙성을 의심한 월스트리트 저널은 결국 이 내용을 짧은 단신으로 취급해버려 트럼프 진영에 실망을 안겼다. 트럼프는 마지막까지도 이 보수적 매체가 자신을 위해 이를 대서특필할 것으로 기대했다고 한다.

이러한 기존 언론의 용기 있는 도전은 그간 자신의 권한을 계속 강화하려던 트럼프에게는 심히 짜증나고 불편한 일이다. 사실 그는 헌법에 명시된 행정부의 권한을 거의 무한한 것으로 해석하며 자신의 권한을 확대해 왔다. 인사권을 휘둘러 사법부도 장악하려 했다. 최근 결원이 된 대법원 판사 임명에 자신의 인사들을 밀어붙였다. 그 결과 9명의 대법원 판사 중 6명이 보수 성향을 띠게 되어 향후 미국 사회의 보수화가 가속화하게 되었다.

트럼프 대통령의 지나친 권력 추구에 대한 미국 기성 언론의 투쟁을 보면서 한국의 상황을 떠올리게 된다. 한국도 정도의 차이는 있지만 행정부의 권한이 갈수록 비대해지고 있다. 특히 코로나바이러스를 퇴치하기 위한 명분으로 정부의 역할과 예산이 날로 확대되고 있다. 미국처럼 대법원 등 사법부도 친정부 인사들이 계속 늘고 있다. 여당은 국회에서 절대 다수를 차지하고 있어 이를 견제할 세력은 거의 없는 실정이다. 수와 힘에서 밀리는 야당은 갈수록 존재감을 잃고 있다.

이 와중에 역시 기댈 곳은 자유 언론이다. 한국의 언론도 기레기라는 오명을 쓰며 사방에서 공격을 당하고 있다. 트럼프가 가짜 언론이라고 공격하면 그의 지지자들이 환호하듯이 한국에서도 친정부 성향의 국민들은 기존 언론에 대한 비난과 조롱을 멈추지 않는다. 특히 역사가 오래고 규모가 큰 기성 언론에 대한 공격이 집요하다. 그러나 미국의 사례가 보여주듯이 결국은 경륜 있는 인적 자원이 풍부하고 재정적으로 뒷받침이 되는 언론이 있어야 정치 지도자의 권력 남용을 막을 수 있다. 한국이 되새겨볼 부분이다.

아주경제 2020년 11월 1일

세계의 '뉴스 허브'될 서울, 준비됐나

최근 미국의 정론지 워싱턴 포스트가 서울을 아시아 뉴스 허브로 선정했다는 반가운 소식이 들린다. 미국의 밤 시간에 발생하는 세계의 긴급 뉴스들을 영국의 런던과 서울의 뉴스룸이 맡아서 취재 보도하겠다는 계획이다. 약 10명의 기자와 에디터가 서울에 상주하게 되는데, 현재 이들을 모집하고 있다. 얼마 전 미국의 뉴욕타임스가 홍콩에 있던 아시아 본부의 일부를 내년에 서울로 옮기겠다고 발표한 바 있어 더욱 의미가 있다. 바야흐로 서울이 아시아 뉴스의 중심 허브로 자리매김하고 있다. 과거 한국이 아시아의 금융이나 물류 허브가 되려고 시도했다가 보기 좋게 실패한 바가 있지만 이번에는 가능성이 높아 보인다.

한국이 국제 뉴스의 허브가 된다는 것은 무슨 의미가 있을까? 그만큼 한국의 위상이 높아진다는 얘기다. 한국과 관련한 보도가 많아져서 국제사회에서 한국의 존재감이 높아질 것이다. 양뿐 아니라 질에서도 차이가 나게 된다. 한국 관련 소식을 인접한 도쿄나 홍콩 등에서 상주하는 기자들이 간접적으로 전하는 것보다 훨씬 정확하고 신속한 취재 보도가 가능할 것이다. 한국의 올바른 상황을 전 세계에 신속하게 전달했을 때, 한국에 대한 이미지는 훨씬 개선되는 효과가 있을 것이다.

이들 국제 언론이 한국으로 향하는 이유가 무엇일까? 워싱턴 포스트는 이에 대한 구체적인 언급을 아직 하고 있지 않지만 뉴욕타임스는 이를 명확히 밝힌 바 있다. 주변 도쿄나 싱가포르보다 독립된 언론이 있고 외국 기업에 친화적인 점을 들었다. 도쿄는 오랫동안 국제 언론, 특히 미국 언론이 아시아의 중심으로 여겨왔지만 한국이 이를 추월한 것이다. 싱가포르 역시 다국적 기업이 선호하는 도시지만 한국에는 미치지 못했다. 국경 없는 기자회가 발표하는 세계언론자유지수에서 한국이 아시아 최고라는 점도 작용했다. 전통적으로 언론이 자유로운 홍콩이 과거 국제 언론사를 많이 유치했지만, 최근 중국이 홍콩 보안법을 통과시켜 홍콩의 언론을 억압한 것도 한국에 유리하게 작용했다.

거기다가 국제 언론의 입장에서 한국은 갈수록 다양한 뉴스가 풍부해지는 국가이다. 과거에는 단순한 남북 분단의 기사나 부정, 부패 혹은 반정부 데모 등 부정적인 뉴스가 주를 이루었으나 이는 최근 들어 크게 변했다. 2000년대 들어서 한국의 대중 문화 관련 뉴스는 끊임없이 국제 언론의 주목을 받아왔다. 최근 BTS 등 K-팝 스타들의 활약이나 기생충의 아카데미 영화 최우수 상 수상 등 한국 관련 뉴스는 점차 밝고 긍정적으로 변하고 있다. 한국 기업 및 경제 뉴스도 풍부하다. 최근 들어 다소 악화되고 있지만 금년 초 한국의 성공적인 코로나 바이러스 방역 등도 국제 언론의 관심을 끌었다. 바이러스 사태 와중에도 성공적으로 치러진 국회의원 선거나 프로 야구 개막 등은 신선한 국제 뉴스로 주목 받은 바 있다. 한국 뉴스가 증가하자 서울에 상주하는 외신 기자의 수도 최근 계속 늘고 있다. 현재 서울외신기자클럽에 등록된 외신 기자 수는 100여개 회사 290여명에 달한다. 2년 전에 비해 약 8%가 증가했다.

한국 정부도 국제적인 언론사의 서울 유치를 위해 막후 노력을 기울인 것으로 알려져 있다. 청와대와 문화체육관광부에서 이를 성사시키기 위해 특별 작업을 해온 것이다. 특히 문재인 정부는 취임 초부터 외국 언론사와 우호적인 관계를 맺기 위해 노력해 왔다. 국내 언론에는 거의 허용하지 않는 대통령 독점 인터뷰를 외신에는 벌써 10여 차례나 허용한 바 있다. 문체부 산하 해외문화홍보원 등 정부 기관은 외신에 취재 편의를 제공하기 위해 적극 노력하고 있다.

거기에는 특별한 인연이 있어 보인다. 과거 한국의 권위주의 시절 국내 언론이 철저하게 통제받는 상황에서 반체제 민주인사들은 자신들의 민주 투쟁을 세계에 알리기 위해 외신을 적극적으로 활용해 온 바 있다. 김영삼 대통령의 단식 투쟁이나 김대중 대통령의 가택 연금 등 많은 뉴스가 외신을 통해 전 세계에 타전되었고, 이는 결국 한국 민주화에 도움을 준 것이다. 이런 이유에서인지 한국의 진보 정권은 대체적으로 외신의 중요성을 크게 인식하고 협력을 아끼지 않는다. 이러한 점이 이번 국제 언론사 서울 유치의 한 이유가 된 것으로 보인다.

그러나 국제 언론이 마냥 한국이나 한국 정부에 호의적일 것으로 믿는다면 이는 착각이다. 벌써 이러한 조짐은 나타나고 있다. 얼마 전 국회에서 통과된 대북 전단 금지법이 좋은 예이다. 미국 등 주요국 정부에서는 이것이 표현의 자유에 반한다는 점을 들어 비판의 공세를 높이고 있고, 이러한 비판적 시각은 국제 언론을 통해서 증폭되고 있다. 한국이 언론 자유를 억압하는 국가로 인식되고 있는 것이다. 정부 인사들이 대북 전단으로 인해 접경 지역 주민들의 생명이 위협받고 있다고 강변하고 있지만, 외국 언론이 볼 때 이는 궁색한 변명이다. 북한의 인권 문제에 소극적인 한국 정부에 대한 비판도 끊이지 않고 있다.

더욱 문제가 되는 것은 이념에 치우친 정치인이나 네티즌들이 시도하는 간접적인 언론 통제이다. 법이나 규제를 통한 직접적인 언론 통제는 이제 한국에서 많이 사라졌지만, 인터넷 상에서 인신 공격 등을 통해 반대 진영 언론을 공격하는 경우는 날로 심화하고 있다. 불만이 있는 기자에 대한 신상 털기를 통해서 언론인의 입에 재갈을 물리려는 행위는 한국의 언론 자유를 크게 침해하고 있다. 얼마 전 미국 언론사의 한 서울 주재 특파원은 현 정부의 대북정책을 비판하는 보도를 했다가 크게 곤욕을 치른 경우가 있다. 집권 민주당의 대변인이 그의 신상을 공개해서 비판했고 이는 인터넷 상 집단 공격으로 이어졌다. 한국이 진정한 아시아의 뉴스 허브가 되려면 있을 수 없는 일이다.

아주경제 2020년 12월 29일

한국도 부유稅 논할때 됐다

신냉전 시대 미·중·러 언론전...

한국의 목소리가 안 들린다

착해서 기부한다고? 아니, 기부해서 착하다

S와 삼포세대, 밖에서 보는 한국의 두 얼굴

2021

Lee Byung Jong's column

핑 늑대전사 상대할 외교 맷집 있나

픽 응원, 애국심과 타국 증오의 두 얼굴

산 공관장님, 외교를 아십니까

난 'K소프트파워'에 점점한 것들

텐츠 전성시대..

플랫폼 기업 해외진출 서둘러라

한국도 부유稅 논할때 됐다

영국의 비영리단체인 옥스팜에서는 최근 충격적인 자료를 발표했다. 코로나 바이러스가 본격화된 지난 9개월 동안 세계 10대 부자들의 총 자산이 무려 5400억 달러나 증가했다는 것이다. 바이러스 피해를 입은 기업과 가계를 구제하기 위해 각국 정부가 천문학적인 액수의 자금을 풀자 이 유동성이 주식이나 부동산으로 흘러들어가 자산 가치를 급격히 상승시켰기 때문이다. 또한 디지털 경제가 대세로 자리 잡자 이 분야 선두 주자들이 큰 혜택을 보고 있는 것이다. 아마존의 제프 베이조스, 페이스북의 마크 저커버그, 테슬라의 일론 머스크가 바로 그들이다. 베이조스의 자산은 단 하루에 130억 달러가 늘어난 적도 있었다. 팬데믹 이후 이들 10명에게 굴러들어간 코로나 현금, 즉 코로나 캐시를 합하면 전 세계인 모두에게 코로나 백신을 제공하고도 남는 금액이다.

코로나 바이러스로 인해 부유층은 더욱 부유해지고 가난한 계층은 더욱 가난해지는 이러한 K자형 경기 곡선은 한국을 포함해 대부분의 국가에서 심각한 사회, 경제적 문제로 대두되고 있다. 아울러 각국 정부는 이를 해결하기 위해 여러 가지 방안을 모색하고 있다. 한국에서는 이낙연 민주당 대표가 제안한 이익공유제가 화두로 떠오르고 있지만 많은 다른 나라에서는 부유세가 대안으로 제시되고 있다. 자본주의에서 심화되는 양극화 때문에 부유세는 전에도 심심치 않게 거론이 되고 또 일부 시행되었지만 이번에는 좀 더 절박하고 진지하게 다뤄지고 있다.

먼저 남미에서는 벌써 진행 중에 있다. 아르헨티나는 지난 연말 미화 230만 달러 이상 자산가 1만2000명에게 3.5에서 5.25퍼센트에 달하는 부유세를 부과해 34억 달러를 징수했다. 볼리비아도 비슷한 수순을 밟고 있다. 영국도 최근 들어 부유세를 심각히 검토하는 중이다. 50만 파운드 이상 자산가에게 1퍼센트의 부유세를 5년 동안 징수하는 것이 한 방안이다. 총 800만명이 해당된다. 프랑스와 독일도 부유세 논의가 시작된 상황이다. 민주당 바이든 행정부가 출범한 미국에서도 그 가능성은 있어 보인다. 바이든 대통령이 개인적으로 과거에 부유세에 반대한 바 있지만 미국의 양극화가 심화되는 상황에서 이에 대한 논의는 재개될 것이 분명하다. 근소하지만 상원과 하원 모두에서 민주당이 다수당의 위치를 차지했기 때문에 더더욱 그러하다.

부유세가 필요한 이유에 대해 월드뱅크의 블로거 짐 브룸비(Jim Brumby)는 다섯 가지를 들고 있다. 첫째는 팬데믹 와중에서 심화되는 불평등이다. 지난 1년간 부자가 더 부유해지는 상황에서 전 세계에서 1억명이 새로 빈곤층으로 추락했다. 두 번째는 정부의 부채 증가이다. 코로나 바이러스 발병 후 전 세계의 정부는 총 12조 달러를 긴급 지원금으로 풀었는데 상당 부분이 공적 부채이다. 셋째는 폭등하는 주식시장인데 이 추세는 당분간 지속될 것으로 보인다. 넷째는 갈수록 어려워지는 해외 조세 회피이다. 각 국의 규제가 심해지면서 해외로 자산을 숨기는 것이 어려워지기 때문에 부유세 징수가 쉬워졌다는 것이다. 다섯 번째는 양극화, 극단화로 인한 사회 연대의 해체와 이로 인한 신뢰 추락인데 이는 대부분의 국가가 안고 있는 숙제이다.

여기에 더해 미국의 바이든 행정부가 새로 출범한 것도 부유세의 가능성과 효용성을 높여준다. 전임 트럼프 대통령과 달리 바이든 대통령은 동맹국과 우방과의 협력을 강조한다. 무역, 안보뿐 아니라 조세 문제에 있어서도 타국과 협력을 추구할 수 있다. 사실 부유세를 신설하거나 증세하는 데 있어 가장 필요한 것 중 하나는 국가 간 협력이다. 한 국가가 일방적으로 증세를 하면 기업이나 개인은 세금이 낮은 곳으로 피해가게 마련이다. 바이든 행정부가 이 점에 있어 타국과 공동보조를 맞춘다면 보다 실효성있는 조세 정책이 가능하다. 특히 전 세계에서 막대한 이익을 내면서도 조세 회피처를 이용해 적은 세금만 내고 있다는 비난을 받는 다국적 기업에 대응하는 데 있어 미국과 유럽 국가들이 협력한다면 정부의 세수는 크게 증가하게 될 것이다. 현재 다국적 기업들의 조세 회피 규모는 한 해에 2500억 달러에 달하는데 그만큼 정부의 곳간이 줄어든다는 얘기다.

다른 나라에 비해 한국에서는 부유세 논의가 현재로서는 크지 않다. 과거에는 동반성장론, 현재는 이익공유제라는 이름으로 자발적인 기업의 참여를 요구하는 방향으로 흐르고 있다. 이낙연 대표는 코로나 바이러스로 크게 수혜를 입은 기업들이 자발적으로 기금을 모아서 피해를 입은 기업이나 개인에게 도움을 주자는 분위기를 이끌고 있다. 그러나 여기에 대한 반론도 만만치 않다. 민주당의 이상민 의원은 이익공유제가 기업의 자발적인 참여를 이끌기 어렵고 잘못하면 기업에 압력으로 작용할 수 있다는 점을 들어 그보다는 부유세 도입을 주장하고 있다. 이에 대한 한국 사회의 거부감이 크다면 기간을 3년이나 5년으로 제한하고 대상도 최소화하자는 것이 그의 의견이다.

과거 기업의 자발적 참여를 전제로 정부가 주도한 상생 프로그램이 대개 큰 성공을 거두지 못한 점을 고려한다면 이제는 부유세에 대한 논의를 할 시점이라는 생각이 든다. 한·중 자유무역협정 체결 당시 수혜기업들이 기금을 모아 피해 기업이나 가계를 지원하기로 했었으나 여러 가지 사정으로 인해 순항하지 못했다. 또한 정부가 아무리 자발적인 참여를 요청해도 기업의 입장에서는 이를 무언의 압력으로 받아들이는 한국 사회의 특수성이 있다. 그보다는 모두가 납득할 만한 합리적인 수준에서 증세를 하거나 부유세를 부과하는 것이 더 현실적일 것이다. 그래야만 코로나 캐시가 한국에서 K자형 경기 곡선을 심화하는 것을 막을 수 있을 것이다.

아주경제 2021년 1월 18일

신냉전 시대 미·중·러 언론전…
한국의 목소리가 안 들린다

미국과 중국의 대립이 격화되며 신냉전의 전선이 무역, 기술, 안보를 넘어 언론, 정보 분야로 확산되고 있다. 과거 미국과 소련이 첨예하게 대립하던 냉전 시대에서 볼 수 있었던 체제 선전 홍보를 위한 난타전이 뉴스 매체 등을 통해 다시 재현되고 있는 것이다. 그 당시보다는 방법이나 메시지가 훨씬 더 정교하고 파괴적이라는 점에서 보는 이들의 우려를 자아낸다. 특히 전통 안보 동맹국인 미국과 최대 교역 대상국인 중국 사이에 끼여 있는 한국의 입장에서는 양자 간의 정보전이 심화될수록 불안감이 커진다.

미국을 축으로 하는 서방 민주국가와 중국, 러시아 등 권위주의 국가 간 언론, 정보 대결은 최근 그 강도가 심해졌다. 얼마 전 베이징에 주재하던 영국 BBC의 존 서더워드 특파원은 중국 정부의 압력에 못 이겨 대만으로 주거지를 옮겼다. 올해 초 BBC가 중국 신장 지역의 위구르족 강제수용소에서 발생한 집단 강간 등 끔찍한 인권 침해 사태를 보도한 것이 발단이 되었다. 그 보도 이후 서더워드 특파원과 그 가족들은 계속적으로 중국 정부와 관영 매체의 공격에 시달렸고 심지어는 신변의 위협까지 느꼈다. 과거 서울에서 근무할 때 필자와도 친했던 서더워드는 진실 보도를 위해 노력하는 용기 있는 언론인이지만 중국의 지속적인 압력에는 견딜 수가 없었다.

서방 언론에 대한 중국 정부의 탄압은 어제오늘의 얘기가 아니다. 작년에는 뉴욕타임스, 워싱턴포스트, 월스트리트저널 등 주요 미국 언론사 특파원 15명을 중국에서 추방한 바 있다. 역시 신장 위구르족에 대한 인권 탄압이나 홍콩 민주화 운동 무력 진압, 중국 지도부의 부패 등을 파헤친 데 대한 보복 조치였다. 이에 대한 보복으로 미국 정부도 자국 내 중국 언론인의 활동과 인원을 제약했다. 또한 얼마 전에는 호주 특파원 2명이 중국에서 추방되었다. 중국의 인권 문제를 호주 정부가 계속 비판하며 현재 양국 관계는 최악의 상태에 있는데, 이것 역시 배경이 되었다. 중국은 이제 미국뿐 아니라 자신의 체제를 비판하는 자유 진영 국가들 모두를 향해 날을 세우고 있다.

중국이 미국 등 서방 언론을 배척하고 공격하는 이유는 간단하다. 이들이 악의적이고 편견이 가득찬 기사로 자국의 이미지를 손상하고 체제를 위협한다는 이유이다. 중국의 밝은 면은 무시하고 어두운 면만 부각한다는 판단이다. 이에 대한 대책으로 한편으로는 서방 언론에 압력을 가하면서 또 다른 한편으로는 자신들의 매체를 이용해 대안적인 뉴스와 정보를 세계에 전파하고 있다. 더 이상 서방 언론에 의지하지 않고 자신의 목소리로 세계에서 왜곡된 중국의 모습을 바로잡겠다는 명분이다.

하나의 예가 차이나 글로벌 텔레비전 네트워크(CGTN)이다. 공산당의 지시를 받고 있는 이 방송은 중국 정부의 엄청난 투자를 통해 전 세계를 주름잡는 취재 및 공급망을 확보했다. 미국의 수도 워싱턴에는 180명의 인원이 CGTN 아메리카를 위해 일하고 있다. 중국 정부의 입장을 대변·옹호하며 서방의 정책을 비판하는 데 주력한다. 미국의 기존 언론과는 전혀 다른 시각을 전하고 있지만 미국 내 3000만 가구에 전파되고 있어 무시할 수 없는 영향력을 과시하고 있다.

러시아도 이와 비슷한 체제 홍보전을 벌이고 있다. 푸틴 대통령의 입이라고 일컬어지는 관영 매체 러시아 투데이(RT)는 24시간 영어 TV 방송으로 미국 및 서방에서 꾸준히 세력을 확장하고 있다. 특히 유튜브 등 소셜 미디어를 통해 시청자를 늘려가고 있다. 중국의 매체보다 더욱 신랄하게 서방 체제를 비판하며 러시아의 주요 외교 정책을 옹호하고 있다. 과거 러시아가 우크라이나의 크림 반도를 합병했을 때 서방의 비판이 거세지자 이 매체를 통해 자국의 입장을 옹호하는 등 체제 수호를 위한 도구로 사용되고 있다.

이러한 추세는 60~70년 전 미·소 대결 냉전 시대의 정보전과 유사하다. 당시 미국은 미국의 소리(Voice of America), Radio Free Europe, Radio Free Asia 등 정부가 운영하는 매체를 통해 소련과 동구권을 공략했다. 자유와 인권 등 미국 가치의 우월성을 전파했을 뿐 아니라 재즈, 로큰롤 등 서방 대중 문화를 방송하며 자유에 목 말라 있던 공산권 젊은이들을 사로잡았다. 소련도 라디오 모스크바 등 관영 매체를 통해 자신의 체제를 선전했지만 역부족이었다. 결국 이런 언론을 통한 정보전의 우위가 미국에 승리를 안겨주고 냉전 체제의 붕괴를 앞당겼다.

과거 냉전 시대에 비해 신냉전 시대의 정보, 언론전은 훨씬 침투력이 높다. 과거에는 단파 라디오나 신문 등 단순 매체를 사용했지만 이제는 24시간 위성방송, 소셜미디어 등 다양한 매체를 무기로 하고 있다. 특히 전통매체와 디지털매체를 혼합해서 구사하는 정보전은 파괴적이다. 미국이나 서방국의 선거 결과에 영향을 미치기 위해 가짜 뉴스를 살포하기도 한다. 러시아의 흑색선전은 2016년 트럼프 대통령의 당선에 영향을 미친 것으로 알려져 있다. 중국의 정보전 역시 과거에는 자국 체제의 찬양에 그쳤으나 이제는 서방 체제에 대한 공격으로 바뀌고 있다. 바야흐로 전방위로 확대되는 신냉전의 시대이다. 여기서 한국의 입지는 갈수록 줄어드는 느낌이다.

아주경제 2021년 4월 14일

착해서 기부한다고?
아니, 기부해서 착하다

[삼성과 한국의 기부 문화]

필자가 외신기자로 근무하던 90년대 초반의 일이다. 당시 김영삼 정부의 개혁 정책을 취재하기 위해 청와대에서 한 수석 비서관을 인터뷰하고 있었다. 인터뷰 도중 사무실을 둘러보니 '삼성 신경영'이란 책이 수십권 쌓여 있었다. 이유를 물어보니 정부의 개혁 정책의 올바른 방향을 찾기 위해 비서실 직원들에게 이 책을 일독하라고 나눠주고 있는 중이라고 했다. 이 책은 이건희 삼성 그룹 당시 회장이 "마누라와 자식 빼놓고 다 바꾸라"는 유명한 '프랑크푸르트 선언'을 계기로 그룹에서 출판한 책이었다. 정치권은 당시 우리 '정치는 4류, 행정은 3류, 기업은 2류'라고 비판한 이 회장을 미워했지만 한편으로는 소리 소문 없이 조용히 그의 비전을 따라가고 있었다.

작년 타계한 이 회장의 가족들이 지난 주 발표한 사회 기부 계획을 보면 여전히 우리 정치권은 이 회장의 그늘을 좇는다는 느낌이 든다. 12조에 달하는 상속세 납부에 이어 1조원의 의료계 지원, 감정가로 3조원으로 추산되는 문화, 예술품 기증 계획은 생전 이 회장의 의중이 담겨 있다고 한다. 항상 "반도체와 병원 생각 뿐"이었던 그에게 수익을 위한 사업만큼 중요한 것은 그 수익을 어떻게 사회에 환원하는가 하는 것이었다. 그리고 그가 생각했던 의료계와 예술계에 대한 기부와 지원은 오늘날 우리 한국 사회가 가장 필요로 하는 분야이다. 팬더믹의 확산으로 의료 기술이 더욱 중요해졌고 경제 침체 와중에서 뒷 전으로 밀리는 예술, 문화계의 지원이 더욱 절실해졌다. 어찌 보면 정부가 챙겨야 할 일을 이 회장은 미리 생각하고 있었는지도 모른다.

기부 계획 발표 이후 역시 정부는 여기 편승하여 생색내기 바빴다. 미술품 기부 계획은 이 회장 가족이 아닌 문화체육관광부 장관이 TV 생중계를 통해 발표했다. 국립중앙박물관과 국립현대미술관에 전시될 작품들을 영상으로 보여 주면서 까지 흥분한 모습이었다. 그 만큼 우리나라의 문화, 예술계에는 경사스러운 소식이었다. 양 박물관과 미술관의 연간 작품 구입 예산이 각각 40억원 정도밖에 되지 않는다고 하니 이해가 될 일이었다. 국가가 해야 할 일을 한 기업과 기업가가 담당하는 형국이 되었다.

물론 이번 이 회장 가족의 통큰 기부 계획을 이재용 삼성전자 부회장의 사면론과 완전히 떼어놓고 평가하긴 힘들다. 이 부회장이 구속 중 재판을 받고 있고 향후 가족의 경영권 확보에도 여러 가지 변수가 많은 점을 보면 가능한 국민 여론의 도움을 받고 그로 인해 정부로 부터도 유리한 태도를 이끌어 내는 것이 중요하다. 사실 한국의 재벌가의 사회 환원 계획은 대부분 부정 행위로 사회의 지탄을 받고 여론과 법정의 심판을 받는 와중에 이루어졌다. 과거 삼성과 현대 그룹의 대주주 가족들과 회사들이 각각 거의 1조원에 육박하는 기부 계획을 발표할 때에도 그랬다. 그렇기 때문에 이번 기부 계획에 대해 의심의 눈초리가 있는 것도 사실이다.

그럼에도 불구하고 이번 기부 계획에 대해서 새롭게 평가해야 하는 것은 이것이 규모가 클 뿐 아니라 향후 한국의 기부 문화를 정착하는데 큰 역할을 할 것이라는 기대 때문이다. 사실 선진국의 자본주의 발달 역사를 보면 한국도 이제는 기업의 기부 문화가 본격적으로 시작될 시점에 있다. 미국의 경우 20세기 초 대기업은 산업화로 인해 엄청나게 성장했지만 동시에 국민들로 부터 많은 지탄을 받았다. 노조 운동을 방해하고 노조를 파괴하며 독과점 행위로 중소 경쟁사를 말살하는 탐욕스러운 경영을 일삼았다. 자동차의 포드(Ford)나, 석유의 록펠러(Rockefeller), 철강의 카네기(Carnegie) 가문 등은 노동자와 중소기업의 착취를 통해 부를 축적했다는 비판을 받고 있었다.

이러한 부정적 여론을 타개하기 위해 이들 가문들은 엄청난 금액으로 포드재단, 록펠러재단, 카네기재단 등을 설립했다. 록펠러 가족은 5억3천만불을 기부해 의약, 교육, 과학 연구에 공헌했고 포드 가족은 도심개발, 공영방송, 예술, 대학원 교육 등을 지원했다. 이로 인해 이들 기업에 대한 여론은 크게 개선되었을 뿐 아니라 가진 자와 대기업의 기부 문화가 본격적으로 정착하게 되었다. 자본주의의 맹점인 빈익빈, 부익부를 타개하기 위해서는 정부의 과세 정책 등으로는 한계가 있고 부자들의 자발적인 기부 행위가 필수적이라는 점을 이를 통해 모두 자각하게 된 것이다. 지난 2019년 미국 사회의 전체 기부 규모는 4500억 달러, 약 500조원에 달한다. 이 중 개인 기부가 3100억 달러, 약 70퍼센트에 달한다.

자본주의 역사가 일천한 한국의 경우는 수십년이 지난 지금에야 기부의 중요성을 깨닫는 시점에 도달했다. 대기업이 그간 빠른 성장을 추구하는 과정에 사회의 여타 분야의 희생을 초래했고 이를 해소해야 할 시기가 온 것이다. 더구나 팬더믹의 확산으로 중소기업이나 노동자의 삶이 갈수록 어려워지는 상황에서 이는 더욱 절실해졌다. 사실 이제까지 한국의 대기업에게 이러한 점을 기대하기는 쉽지 않았다. 미국과 같은 기부문화가 정착되지도 않았고 이를 체계적으로 수용해 효과적으로 운용할 사회적, 정치적 제도도 완비되지 않았다. 대부분의 기부 행위가 자체 그룹 내 재단 설립의 형태로 이루어져 진정성이 의심되었고 투명성이나 신뢰성도 담보되지 않았다.

그러나 이번 삼성의 기부의 경우 모호한 재단을 통한 형태가 아니라 직접 목적과 목표를 설정해서 이루어졌다는 점에서 의미가 있다. 사실 이러한 형태의 기부가 오늘날 미국 등 선진국에서는 일반적이다. 전 세계의 최대 기부자로 알려진 워렌 버펫(Warren Buffett)은 평생 430억 달러를 기부했는데 주로 빈곤과 질병 퇴치라는 목적에 사용되었다. 두 번째 통 큰 기부자인 빌 게이츠(Bill Gates)와 부인 멜린다(Melinda)는 모두 120억 달러 정도를 기부했는데 역시 말라리아 등 질병 퇴치와 저개발국 빈곤 퇴치를 위해 쓰여졌다. 흥미로운 것은 버펫은 기부금의 상당 부분을 게이츠 부부의 재단에 위탁하여 보다 투명성있고 효과적으로 사용되도록 하였다.

전 세계 세 번째 기부자로 알려진 조지 소로스(George Soros)는 평생 동안 86억 달러 정도를 기부했는데 특이하게 인권과 민주주의 신장이라는 목표로 많이 사용되었다. 그 자신 과거 공산주의 국가였고 지금도 권위주의 색채가 짙어지는 헝가리 이민자 출신이기 때문에 특별히 이러한 정치, 이념적인 목적의 기부를 즐겨한다. 네 번째 기부자는 과거 뉴욕 시장이며 미디어 재벌인 마이클 블룸버그(Michael Bloomberg)인데 그가 역점을 둔 분야는 비만과 환경이다. 과거 뉴욕 시장 시절 빈민층의 비만 문제의 중요성을 느꼈고 환경은 특히 석탄 발전소의 공해 문제 때문이다.

이건희 회장의 경우도 평소 그가 중요하다고 느꼈던 분야에 기부가 결정되었다. 의료의 경우 삼성병원을 세우는 등 그간 의료 산업과 기술의 발전을 중요시했던 그였다. 이번에도 7000억원을 감염병 극복, 3000억원은 소아암 등 희귀 질환 환아를 위해 사용하기로 했다. 또한 문화, 예술의 경우 자신이 평생 애지중지하던 분야이다. 선대인 이병철 회장 때부터 내려온 가족의 전통으로 귀중한 예술품을 소장하기 위해서는 아무것도 아끼지 않았던 가족이었다. 총 23,000 미술품 가운데 국보가 14건, 보물이 46건에 달한다. 이 중에는 박수근, 김환기, 이중섭 등 한국의 유명 화가, 모네, 고갱, 르누아르, 피사로, 샤갈, 달리 등 외국의 유명 화가 작품이 포함되어 있다.

삼성 이 회장 가족의 이번 기부를 계기로 한국에도 이제는 본격적인 기부 문화가 열릴 전망이다. 이러한 분위기는 오래된 재벌가 뿐 아니라 젊은 신생 기업주들에게서도 발견된다. 얼마전 카카오그룹의 김범수 회장은 자신의 재산 10조원 중 절반 이상을 기부하겠다고 약속했다. 서경

배 아모레퍼시픽 그룹 회장은 3,000억원의 기금으로 재단을 설립하기로 했다. 특히 김재철 동원그룹 명예회장은 500억원으로 카이스트의 인공지능 연구를 지원하겠다고 밝혔는데 특정 목적을 조건으로 하는 기부이기에 더욱 효과성이 있을 것으로 판단된다.

타계한 이건희 회장은 여러 면에서 선구자적인 면모를 보였다. 아무도 크게 눈여겨 보지 않았던 반도체 산업을 위해 일찍부터 대규모 투자를 단행해 성공했다. 휴대폰 산업에 있어서는 경쟁국 보다 늦게 출발했지만 끊임없는 품질 개선으로 세계 시장을 석권했다. 이번의 기부 계획을 보면 그는 어떻게 돈을 벌어야 하는 것 뿐 아니라 이 돈을 어떻게 써야 하는 데 대해서도 나름대로 식견이 있었던 것 같다. 아직도 한국의 정치인들이 배워야 할 부분이다.

아주경제 2021년 5월 3일

BTS와 삼포세대, 밖에서 보는 한국의 두 얼굴

필자가 학교에서 많은 외국 학생들에게 한국에 대해 강의하면서 신기하게 느끼는 점이 있다. 그들이 바라본 한국의 모습이다. 아시아나 아프리카 등 주로 개발도상국에서 온 학생들은 한국을 경제·정치적으로 발전되고 역동적인 문화를 가진 매력적인 국가로서 높게 평가하고 있다. 반면 미국이나 유럽에서 온 학생들은 한국에 대해 상당히 부정적인 시각을 갖고 있다. 즉, 계층·지역·세대 간 갈등의 골이 깊고 학교 폭력, 여성 차별, 높은 자살률, 낮은 출생률 등 사회문제가 심각하며 외부인에 대해 배타적인 한국의 모습에 더 주목하고 있다. 같은 한국을 보는 그들의 시각이 때로는 너무 달라서 과연 한국의 진정한 모습이 무엇인가 반문하게 된다.

진정한 한국의 실체는 아마 이 두 가지 상반된 모습의 중간 어디에 위치해 있을 것이다. 발전과 진보만 거듭하는 이상적인 사회도 아니고 갈등과 절망만이 가득한 어두운 세계도 아닐 것이다. 문제는 이렇게 다르게 투영되는 한국의 모습이 해외에서 고착되어 고정관념화될 수 있다는 점이다. 특히 한국의 어두운 면을 주로 주시하는 서구 출신 학생들은 심한 경우 한국의 장래에 대해 매우 암울하고 비관적인 진단을 한 채로 고국에 돌아가게 된다. 밝고 긍정적인 한국의 모습을 세계에 보이기 위해 국가 홍보 및 공공 외교에 역점을 쏟고 있는 정부의 입장에서는 난감한 실정이다.

그들이 주목하는 한국 사회의 어두운 면은 특히 한국의 젊은 세대에 집중되어 있다. 그들은 자신들이 만나서 교류한 한국의 학생들 중 많은 수가 학업과 취업에 대한 부담과 걱정으로 심한 스트레스를 겪고 있는 점을 안타까워한다. 같은 젊은 세대로서 자신들도 이러한 고민이 없는 것은 아니지만 한국의 경우 이에 대한 도가 지나쳐 거의 사회 병리 현상이 되고 있다고 지적한다. 특히 이로 인해 연애, 결혼, 출산을 포기하는 소위 '삼포 세대'에 대해 이들은 쉽게 이해할 수 없다는 반응이다.

흔히들 지금의 젊은 세대, 특히 밀레니엄 세대와 그 후 Z세대를 일컫는 MZ 세대의 경우 자신들 부모보다 못살게 되는, 역사 이래 최초의 세대가 될 것이라고 말한다. 이런 현상은 한국에 국한되지 않는다. 미국의 경우 2차대전 이후 태어난 베이비부머들이 누려온 경제적인 풍족함은 지금의 젊은 세대들이 보기에는 도저히 이룰 수 없는 꿈과 같은 신화이다. 특히 밀레니엄 세대들은 학업 후 사회에 진출하려던 시기에 뉴욕 월가에서 시작되어 전 세계로 퍼진 금융위기 때문에 취업 등에 있어 많은 좌절을 겪었다. 이들이 어느 정도 안정을 찾을 만하니 이제는 코로나 바이러스로 인해 더 큰 절망을 겪고 있다. 사회·경제적으로 가장 활동적이어야 할 시기에 닥친 팬데믹으로 인해 가계뿐 아니라 심리적으로도 위축되지 않을 수 없었다.

한국의 경우에는 여기에다 1990년대 말 외환위기까지 있었기 때문에 이들의 상실감은 더욱 크다. 이들이 학업에 한창 열중할 시기에 자신들의 부모는 사업의 도산이나 실직으로 인해 큰 아픔을 겪었고, 이는 성장 과정에서 큰 트라우마로 남은 경우를 주위에서 많이 보게 된다. 이들의 문제는 여기서 그치지 않는다. 하늘 높이 치솟는 집값, 그리고 교육비 등 감당하기 어려운 경제적 부담이 현재 이들을 짓누르지만 더 걱정되는 것은 비전 없는 미래다. 빠른 고령화로 인해 이들이 미래에 짊어지게 될 부담은 무한히 증가하고 있다. 거기다가 현재의 팬데믹으로 인해 정부 돈으로 지출되는 각종 지원금은 미래에 고스란히 이들의 어깨에 지워지는 짐이 될 것이다.

이러한 암울한 한국 젊은 세대의 모습은 K-팝이나 K-드라마 등 한류에서 나타나는 밝고 역동적이며 패기 넘치는 한국 젊은이들의 모습과는 너무나 동떨어져 있다. BTS는 희망, 자존감, 자신감 등 긍정적인 메시지를 담은 노래들로 빌보드 차트를 석권하고 있다. 다른 K-팝 그룹들도 감미로운 사랑과 풋풋한 젊음을 전하며 전 세계 팬들을 열광시키고 있다. 드라마에서도 풍요롭고 세련된 현대 생활을 만끽하는, 아름답고 잘생긴 한국 젊은이들의 모습이 해외 시청자들을 매료시킨다.

이러한 모습은 많은 경우 허구에 가깝지만 문제는 이 역시 한국에 대한 외국인의 고정관념으로 자리 잡게 된다는 점이다. 사실 한국에 대해 높이 평가하는 아시아 출신 외국 학생들에게 물어보면 대개 한류를 통해 한국에 대해 밝은 이미지를 갖게 되었다고 한다. 이 같은 고정관념은 긍정적이기는 하지만 문제는 이를 통해 한국에 대한 기대감이 너무 높아지게 된다는 점이다. 실제 평균적인 한국인이 드라마나 K-팝에서 보는 만큼 외모가 수려하고 친절하며 세련되지 않다는 것을 이들이 알게 될 때 이는 실망으로 남게 된다.

아시아 학생들이 그리고 있는 지나치게 미화된 한국의 모습이 실상이 아니듯이, 서구 학생들이 갖고 있는 절망적인 한국의 모습 역시 실상과는 거리가 있다. 앞서 언급한 모든 어려움에도 불구하고 한국의 젊은이에게서 희망을 엿볼 수 있는 여지는 많다. 이는 아마 좌절을 딛고 끊임없이 일어서는 한국인의 기질이 있기 때문일 것이다. 중요한 것은 너무 미화되거나 폄하되지 않는, 올바른 한국과 한국인의 모습을 세계에 알리는 것이다. 그래야만 외국인이 한국에 대해 너무 큰 기대도 비관도 하지 않게 될 것이다.

아주경제 2021년 6월 3일

시진핑 늑대전사 상대할 외교 맷집 있나

지난주에 있었던 중국 공산당 창당 100주년 기념식은 경사로운 축제보다는 섬뜩한 도발에 가까웠다. 베이징 천안문 광장 연단에 올라선 시진핑 주석은 미국을 비롯한 서방이 계속 중국에 도전하면 "14억 중국 인민이 피와 살로 쌓은 강철 장성에 부딪혀 머리가 깨지고 피를 흘릴 것"이라고 경고했다. 듣기에 따라서는 전 세계에 대한 선전 포고로 들릴 수도 있는 호전적인 연설이었다. 물론 시 주석의 연설 전체가 서방에 대한 경고로 계속된 것은 아니지만, 서방 세계는 그가 선택한 극단적이고 공격적인 용어에 주목했다. 최근 몇 년 동안 격화되는 중국의 소위 늑대 전사 외교의 한 단면을 보여주었기 때문이었다.

흔히 외교는 부드럽고 완곡한 표현을 써서 상대를 자극하지 않는 것이 철칙으로 알려져 있다. 설사 뒤로는 전쟁을 준비하더라도 앞에서는 가능하면 선한 모습을 보이는 것이 정설이다. 그런데 중국은 최근 이런 원칙과는 정반대의 길로 가고 있다. 특히 해외에 파견된 중국의 외교관들이 이에 앞장서고 있다. 과거 파키스탄 주재 중국 대사관에 근무하던 자오리젠이 대표적이다. 그는 중국의 인권 문제 등을 공격하는 미국 등 서방에 대해 직설적으로 공격하며 거칠고 험한 말을 내뱉기를 주저하지 않았다. 이를 인정받아서인지 그는 나중에 외교부 대변인으로 발탁되었다. 그를 포함한 전투적 중국 외교관들은 2015년 중국에서 히트한 영화 '전랑'에 나오는 늑대 전사로 묘사된다.

이러한 중국의 도전적인 외교는 최근 들어 더욱 가속화된다. 미국의 바이든 행정부 출범 후 처음 열린 미·중 간 고위급 회담에서 이는 여실히 드러났다. 3월 알래스카 앵커리지에서 열린 이 회담에서 왕이 외교부장은 홍콩이나 대만, 신장 등 중국의 인권 문제를 지적하는 미국 대표에게 반대로 거센 공격을 하며 일종의 훈계까지 한 바 있다. 인종 갈등 등 내분을 겪고 있는 미국 내의 문제나 잘 해결하라는 요지였다. 결국 이 회담은 아무런 성과 없이 양측 간의 설전으로 끝나버렸다. 전임 트럼프 대통령에 이어 바이든 대통령 역시 중국 견제를 외교의 큰 목표로 삼고 있는 상황에서 이에 반발하는 중국의 대외 공세는 더욱 격화될 전망이다.

이러한 전투적인 중국 외교 행태의 배경은 높아진 중국의 위상에 따른 자신감이다. 경제, 군사, 기술 등 모든 면에서 세계 최강국인 미국을 위협하는 상황에서 이제는 더 이상 외부에 순종적이고 나약한 모습을 보이지 않겠다는 의지이다. 미국 등 선진 사회가 인종 문제 등 내부 갈등 요소로 갈수록 나약한 모습을 보이고 있어 더욱 그러하다. 특히 발전하는 중국의 모습을 보고 자란 젊은 외교관들은 자국에 대한 애국심과 자신감으로 충만하여 지나친 우월감에 도취되어 있다. 여기에 공격적인 시진핑의 외교 정책이 더해지며 늑대 전사들의 목소리는 갈수록 사나워지고 있다.

이는 덩샤오핑 이후 중국의 지도자들이 취해온 신중하고 부드러운 대외 정책과는 큰 차이가 있다. 시진핑 이전 지도자들은 중국의 발전을 추구하는 과정에서 외부의 견제와 마찰을 최소화하기 위해 평화롭고 겸손한 중국의 모습을 보이기 위해 애썼다. 특히 중국의 소프트 파워를 강화하기 위해 문화, 미디어, 원조 등을 매개로 한 공공외교에 큰 역점을 기울였다. 공자학원을 전 세계에 설립해 중국의 문화와 언어를 보급했고 아프리카 등 개발 도상국에 대한 기여를 통해 환심을 사기 위해 노력했다. 소위 말하는 매력 공세(charm offensive)를 통해 과거 식민지배와 노예제도의 원흉인 미국과 유럽과는 다른 온화한 중국의 모습을 보여주었고 사실 그 효과를 거두고 있었다.

그러나 최근 공격적인 중국의 늑대 외교로 인해 이러한 성과들은 하루아침에 무너지고 있다. 미국 퓨 리서치의 조사에 따르면 전 세계에서 반중 감정은 역대 최고에 달한다. 일본에서는 중국에 대한 부정적 평가가 가장 높아 88%에 달하고 한국도 77%를 기록해 스웨덴, 호주에 이어 4위에 위치한다. 미국은 5위로 76%다. 반면 '아메리카 퍼스트(America First)'를 앞세운 트럼프 대통령 시절 일방적인 외교 정책으로 해외에서 추락하던 미국의 해외 이미지는 바이든 행정부 출범 후 급속하게 상승하고 있다. 퓨 리서치의 조사에 따르면 주요 16개국에서 미국에 대한 호감도는 트럼프 정권 말기 34%에서 바이든 정권 출범 후 62%로 수직 상승했다.

'Diplomacy is back', 즉 외교가 돌아왔다는 메시지를 통해 바이든 대통령이 다자주의를 천명한 것이 큰 이유가 되었다.

해외에서 이렇게 중국의 이미지가 실추하는 데에도 중국 외교관들이 공격적인 모습을 보이는 이유는 무엇인가? 그것은 물론 이러한 거친 외교 행태가 국내에서는 인기를 끌기 때문이다. 자오리젠 외교부 대변인의 경우에서 보듯이, 해외에서 거친 독설로 서방을 공격한 외교관들은 국내에서 오히려 인정 받아 승진하는 경우가 많다. 시진핑의 경우도 10년 임기를 마치는 내년에 재임을 통해 장기 집권하기 위해서는 국내에서의 지지가 절대적으로 필요하다. 결국 외교가 국가 이익을 위하기보다는 국내 정치용으로 사용되는 것이다.

이렇게 거친 중국 외교에 가장 취약한 나라 중 하나는 한국이다. 이는 과거 사드 미사일 배치 때 중국의 각종 보복을 통해 실감 나게 경험한 바 있다. 바이든 행정부가 중국 견제를 위해 동맹국인 한국의 협력을 구하면 구할수록 이러한 위험은 더욱 확대될 것이다. 얼마 전 열린 문재인 대통령과 바이든 대통령 간의 한·미 정상 회담을 전후해서 중국은 이미 한국에 강한 압박을 한 바 있다. 한국 정부는 소위 '전략적 모호성'을 동원해서 조심스럽게 중국의 공격을 피하려고 노력했다. 당장 큰 문제는 터지지 않았지만 앞으로가 문제다. 미국의 '약한 고리'인 한국에 대한 중국의 파상 공격은 앞으로 더욱 가속화될 것이 분명하다. 그러나 이에 대처할 수 있는 우리의 외교 역량은 부족해 보여 걱정이 앞선다.

아주경제 2021년 7월 6일

올림픽 응원, 애국심과 타국 증오의 두 얼굴

연일 계속되는 도쿄 올림픽 TV 중계를 보며 많은 사람들이 불현듯 타오르는 애국심을 느끼게 된다. 한국을 대표하는 우리 선수들이 훌륭한 기량으로 메달을 따게 되면 그 이상 자랑스러울 수가 없고 한국인으로서 무한한 긍지와 자부심을 느끼게 된다. 더구나 상대국이 우리가 일종의 라이벌 의식을 갖고 있는 일본 같은 나라일 경우에는 그 벅찬 감격이 극에 달하고 전 국민이 열광하게 된다. 반대로 그 상대국이 우리를 이길 때는 실망감에 더해 분노와 증오의 마음까지 들게 된다. 결국 애국심이 도를 넘어 민족주의 아니면 국수주의의 영역에 이르게 된다. 특히 우리의 TV 중계가 지나치게 애국적으로 흐를 때 이러한 배타적인 민족 감정은 더욱 심해진다. 사실 올림픽이나 운동 경기를 통해 민족주의가 심화되어 국가 간 갈등이나 분쟁이 생겼던 경우는 수도 없이 많다.

19세기 말 근대 올림픽을 처음 시작할 때에는 전혀 예상하지 못했던 일이다. 프랑스의 쿠베르탱 남작에 의해 시작된 올림픽은 운동 경기를 통해 전 세계가 교류하고 서로 화합하는 평화의 장을 만들고자 하는 것이었다. 첫 아테네 대회에서는 200여명의 아마추어 선수들이 참가했는데, 헝가리 선수들만 국가대표로 참가했고 나머지는 모두 개인 자격으로 참가했다. 올림픽 헌장은 올림픽이 개인 및 팀 간 경쟁이고 국가 간 경쟁이 아니라는 점을 분명히 한다. 또한 국제올림픽위원회(IOC)는 국가 간 메달 순위 집계를 공식적으로 금지한다. 올림픽이 국가 간 우열을 확인하는 장이 되는 것을 막기 위해서다.

그러나 그것은 단지 이상일 뿐이고 현실은 전혀 다르다. 현대 올림픽은 대부분 국가가 자국의 우수성을 내외에 과시하고 자국민의 민족주의를 고취하기 위한 각축장이 되었다. 메달 집계는 당연한 현상이 되었고, 좀 더 많은 메달을 따기 위해 국가 단위로 약물을 사용하는 경우까지 있다. 이번 도쿄 올림픽에서 러시아는 과거에 약물 사용 금지를 어겨 국가를 대표하지 못하고 러시아 올림픽위원회를 대표한 선수단을 파견해야 했다. 또 많은 나라가 좀 더 많은 메달을 따기 위해 외국 선수들을 귀화시키고 있다. 독일은 많은 중국 탁구 선수들을 귀화시켰고, 미국은 육상 등 종목에서 동아프리카 출신 선수들을 귀화시켰다. 2018년 평창 동계 올림픽 때는 선수의 6%가 귀화 선수였다.

올림픽이 국가 간 경쟁과 갈등을 격화시키고 자국의 우수성을 과시하기 위한 국수주의의 도구로 사용된 경우는 많다. 1936년 베를린 올림픽은 히틀러가 나치 정권을 선전하고 게르만 민족의 우월성을 과시하기 위한 도구였다. 1972년 뮌헨 올림픽 때는 팔레스타인의 테러 단체인 검은 9월단이 이스라엘 선수 11명을 인질로 잡아 살해한 바 있다. 1980년 모스크바 올림픽과 1984년 로스앤젤레스 올림픽은 미·소 간 냉전의 와중에서 동서 진영이 서로 보이콧하는 반쪽짜리 올림픽으로 전락했다. 올림픽은 아니지만 1969년 월드컵 축구 예선전을 치르는 과정에서 엘살바도르와 온두라스 양국 간 국민 감정이 폭발해서 사상자가 생기고 결국 전쟁에까지 이른 사태는 유명하다. 그런 연유로 영국 작가 조지 오웰은 스포츠가 '증오의 광란(orgies of hatred)'이라고까지 말한 바 있다.

또한 올림픽 정신은 스포츠와 정치를 구분해야 한다고 못 박고 있지만 이 역시 실현 불가능한 약속이다. 권위주의 정부는 올림픽 개최를 통해 정권의 정당성을 홍보하고 국민들의 충성심을 유도하고자 시도한다. 중국이나 러시아가 각각 수백억 달러를 들여 베이징 올림픽과 소치 올림픽을 개최한 것도 이와 무관하지 않다. 실제로 러시아 푸틴 대통령은 소치 올림픽 후 국내 지지도가 현격하게 상승하는 효과를 누렸다. 1988년 서울 올림픽 역시 당시 정당성이 결여된 권위주의 정부가 국민들의 관심을 비정치적인 분야로 돌리려는 노력의 일환으로 태동했다는 분석이 있다.

이와 같이 올림픽은 애국심뿐 아니라 과도한 민족주의, 심하면 종족주의까지 부추기는 측면이 있다. 사실 애국심과 민족주의의 경계를 구분하는 것은 쉽지 않다. 이와 관련, 프랑스의 드골 전 대통령은 "애국심이란 내 나라 국민에 대한 사랑이 우선이고, 민족주의는 타국 국민에 대한 증오가 우선"이라고 정의한 바 있다. 그런 의미에서 지나친 애국심이 배타적인 민족주의로 발전하는 것을 막는 것은 중요하다.

연구에 의하면 스포츠 경기를 통해 민족주의가 고조되면 국가 간 갈등이 확산될 가능성이 높다. 과거 냉전 당시 한 연구에서 민족주의가 강한 미국인들은 미국의 핵무장을 지지하고 대 소련 강경 정책을 선호한다고 답했다. 또한 최근 이탈리아와 미국인을 대상으로 한 조사에서 민족주의가 강한 응답자들은 국제 위협이 더욱 높은 것으로 인식하고 그 결과 더욱 호전적인 태도를 보였다.

그러나 민족주의가 모두 부정적인 것은 아니다. 학자들은 민족주의를 두 가지로 구분하는데, 첫째는 열광적(ardent) 민족주의, 둘째는 신념적(creedal) 민족주의이다. 미국인들의 경우 전자는 종교나 언어 등 자신들을 구성하는 현상을 중요시한 반면, 후자는 자유·포용성 등 자신들이 지향하는 가치를 중시한다. 후자의 민족주의는 일종의 정체성을 기반으로 국민들을 결집시키지만 외부에 대한 포용성도 잃지 않는다. 반면 전자의 경우는 맹목적인 애국심으로 충만되고 외부에 대해 배타적이 된다. '미국 우선(America First)'을 외치는 트럼프 전 대통령의 지지자들이 여기에 해당된다고 하겠다. 올림픽 TV 중계를 보며 한국 선수들 응원으로 열 올리는 우리의 모습이 과연 전자인지 후자인지 생각해 볼 문제다.

아주경제 2021년 8월 5일

낙하산 공관장님, 외교를 아십니까

필자가 외신 기자 시절 서울 주재 외국 외교관들과 접촉할 기회가 자주 있었다. 그들 국가의 독립기념일 기념식 등 공식적인 자리도 있었지만 비공식 모임 기회도 많았다. 대개 대사가 자신의 관저에 7~8명 내외의 손님을 초대해서 저녁을 대접하는 자리였다. 대부분 한국인 손님들인데 그들의 면면을 보면 상당히 다양했다. 필자 같은 언론인도 있고, 학자, 기업인, 정치인, 시민단체 지도자, 종교인, 예술인 등 사회 각계 각층의 인사들로 구성된다. 이렇게 다양한 배경의 사람들을 모아 놓고 특정한 주제도 없이 이 얘기 저 얘기 두서없이 대화하는 것에 대해 필자는 자주 의문을 가졌다. 이것이 외교관의 일상 과제인가? 여기서 자국의 국익을 위해 어떤 것을 얻어갈 수 있을까 하는 의문이었다.

오래지 않아 필자는 이러한 비공식 대외 활동이 현지의 사정을 파악하고 현지 여론을 탐지하여 향후 정책과 활동을 계획하는 중요한 수단이라는 것을 깨닫게 되었다. 공식적인 자리나 언론을 통해서 얻을 수 있는 정보에는 한계가 있기 때문에 이러한 비공식 수단은 더욱 값진 기회를 제공해 주는 것이다. 과거 정부 인사들만을 상대로 하는 전통 외교에 비해 민간 부문과의 교류를 중시하는 현대 공공 외교에서는 특히 중요한 부분이다. 이러한 활동은 경력과 경험이 풍부한 유럽의 전문 직업 외교관들이 특히 애용했다. 실제로 이러한 자리를 통해서 얻은 정보, 지식과 통찰력은 그들 국가나 대사관의 정책으로 나중에 현실화되는 것을 가끔 목격했다.

불행히도 한국의 외교관들이 이런 비공식 외교 활동에 취약하다는 지적이 많다. 특히 전문 직업 외교관이 아닌 특임 공관장들에게서 이런 문제가 발생한다. 야당의 한 국회의원은 최근 한국의 주요 공관 중 여덟 곳에서 비공개 외교 활동이 아주 저조했다는 보고서를 발표했는데 그중 다섯 곳의 대사가 이러한 특임 공관장이었다. 중국, 독일, 스위스 등에 파견된 한국 대사로서 전문 외교관이 아니고 이번 정부 탄생이나 정책에 기여한 정치인 등 비외교관이었다. 학생 운동권 출신도 있고 시민단체 출신도 있었다. 이들은 주재국 정,관계 핵심 인사들과 교류하고 고급 정보를 수집하는 비공개 외교 활동이 전임자나, 여타국 대사들에 비해 현저하게 떨어졌다.

물론 야당 국회의원이 정치적인 목적으로 이러한 자료를 배포했을 수 있다. 또 코로나 팬데믹 와중에서 외부 활동이 제약받았다는 점도 고려할 수 있다. 그러나 소위 “낙하산 공관장”의 자질 문제에 대한 지적은 어제 오늘의 얘기가 아니다. 과거 정부에서도 그랬지만 외국 대사직을 정권에 기여한 인사에 대한 “보은 인사”로 사용하는 것은 심각한 문제다. 대사라는 직책이 한 나라를 대표해서 협상과 조정을 통해 국익을 신장하는 주요한 자리이기 때문이다. 이를 위해 필요한 것이 외국어 능력, 외국 사정에 대한 지식, 전문성, 사교력, 통찰력 등 여러 가지 덕목이다.

안타깝게 이번 정부에서 파견한 특임 공관장 중에서는 이러한 덕목이 결여된 경우가 많다. "외교부 순혈주의"를 타파한다는 명목으로 외교의 경험이 전무하고 외국어 능력이 결여된 인사들이 주요국 대사로 임명되었다. 전임 중국이나 일본 대사가 현지어나 영어를 전혀 구사하지 못하고 현지 사정에 어두워 초라한 외교 성과를 보였다. 비외교적인 언행으로 현지인이나 대사관 직원들과의 마찰로 구설수에 오른 경우도 있었다. 한국을 대표하는 얼굴의 이러한 면면은 우리 국익을 신장하기보다는 오히려 해치게 된다.

이런 문제에도 불구하고 "낙하산 공관장"들을 꾸준히 보내는 이유는 무엇일까? 정권에 기여한 보은 인사들에게 제공할 수 있는 가장 쉬운 자리이기 때문일 것이다. 장관 등 정부의 요직에 기용하기 위해서는 까다로운 국회 청문회를 거쳐야 하지만 대사직은 이것이 필요 없다. 사생활 등 개인 문제로 청문회 통과가 어려운 인사나 국회의원 선거에서 낙선한 정치인에게 줄 수 있는 손쉬운 "선물"이기 때문이다.

'낙하산 공관장'은 선진국인 미국에서도 많이 발견된다. 직업 외교관(career diplomat) 대신 이들을 정치적인 임명자(political appointee)라고 부르는데 대개 해외 공관장의 30퍼센트가 이에 해당한다. 전임 트럼프 대통령은 특히 자신의 측근을 주요국 대사에 많이 보냈는데 해외 대사직 중 무려 45퍼센트가 정치적으로 임명되어 직업 외교관들의 사기를 크게 저하시켰다. 영국 대사로는 자신에게 45만 달러의 정치 자금을 기부한 우드 존슨(Wood Jonson)을 임명했는데 그는 풋볼 팀 뉴욕 젯스(New York Jets)의 구단주로, 외교와는 전혀 관계가 없었다.

그러나 한국과 달리 미국은 자질이 부족한 낙하산 공관장을 막기 위한 제도가 확립되어 있다. 까다롭기 그지없는 상원 청문회가 그것인데 후보자에게 사소한 문제만 있어도 청문회에서 낙마하거나 임명이 무한정 지체된다. 특히 상원 의석수가 민주당, 공화당 간 50:50으로 양분된 현재 같은 상황에서는 청문회 통과가 바늘 구멍 통과만큼이나 어렵다. 바이든 대통령이 취임한 지 7개월이 지난 지금도 무려 80여개국의 대사 자리가 아직 공석인데 여기에는 한국, 중국, 러시아가 포함된다. 취임 후 멕시코와 유엔의 단지 두 개 대사직만이 상원을 통과할 수 있었다.

물론 정치적으로 임명된 대사들의 장점도 있다. 정권의 실세로서 임명권자의 의중을 잘 알 수 있고 정책에 힘을 실어줄 수도 있다. 그러나 대부분의 경우 외교 경험이 부족한 이들에게서 외교 성과를 기대하기는 어렵다. 외교관에게는 성경과도 같은 〈외교(Diplomacy)〉라는 저서로 유명한 해럴드 니콜슨(Harold Nicholson)은 외교관에 필요한 자질을 정치인에게서 찾는 것은 불가능하다고 했는데 그 큰 이유는 외교관이 주재국과 우호 관계를 정립하기 위해 장기 지향적인 데 반해 정치인은 정치 목적을 달성하기 위해 단기 지향적이기 때문이다. 지금도 해외에서 근무하고 있는 한국의 낙하산 공관장들이 새겨 들어야 할 말이다.

아주경제 2021년 9월 6일

바람난 'K소프트파워'에 찜찜한 것들

넷플릭스 드라마 오징어 게임이 전 세계에서 히트를 치고 K-팝이나 K-무비의 인기가 세계를 강타하고 있으니 이 때문에 한국의 소프트 파워가 수직 상승한다는 얘기가 심심치 않게 나돈다. 외국 언론이나 평론가가 앞 다투어 한국 문화의 폭발적 인기에 주목하며 이에 따른 한국의 브랜드 이미지 상승 효과를 단언한다. 영국의 모노클 잡지는 얼마 전 한국의 소프트 파워를 독일 다음인 세계 2위로 평가했다. 역시 영국에 위치한 브랜딩 컨설턴트사 브랜드 파이낸스는 한국의 소프트 파워가 작년 14위에서 올해 11위로 상승한 것으로 발표했다. 바야흐로 한국 소프트 파워의 전성기가 온 듯하다.

그러나 과연 그럴까? 소프트 파워라는 용어를 처음 사용한 하버드 대학의 조셉 나이 교수는 얼마 전 한국국제교류재단과의 세미나에서 훨씬 인색한 평가를 했다. 그에 따르면 소프트 파워에는 세 가지 요소가 있다. 매력있는 문화, 모범적인 국내 가치, 그리고 정의로운 외교 정책이다. 그에 따르면 한류로 대표되는 한국 문화는 벌써 세계 수준에 올랐고 국내 가치도 민주화와 산업화를 거치며 모범적이 되었다. 그러나 세 번째 정의로운 외교 정책에 있어서는 한국이 아직 모자란다고 지적한다. 지구촌의 공공선을 위하고 이타적인 외교 정책을 펴는 점에서는 아직 역부족이라는 얘기다.

사실 대외 공적개발원조(ODA) 수준이나 유엔 평화유지군(PKO) 파견 등 국제 사회에 공헌하는 측면에 있어서 한국은 선진국에 훨씬 못 미치고 있다. 북유럽 국가가 국민총소득(GNI)의 거의 1 퍼센트 수준의 대외원조를 하는 데 반해 한국의 경우는 아직 0.2 퍼센트 이하에 머물고 있어 OECD 평균인 0.3 퍼센트에도 못 미친다. 해외로 파견된 평화유지군 숫자 역시 미미한데 1990년부터 2017년까지 기간 동안 전 세계 49위에 머물고 있다. 국제적으로 관심이 높은 기후 변화나 환경 문제에 있어서도 아직은 소극적이다. 국제적으로 공인받는 재생 에너지 지수는 29위, 환경 이행 지수는 80위로 평가되고 있다.

이러한 국제 사회에서의 공헌을 위해서는 경제력이나 군사력 등 선진 강국의 여건을 갖춰야 하나 한국의 경우 이제야 개발국 지위를 벗어난 상황이라 이는 이해될 만하다. 아직은 지구촌 공공선에 크게 기여할 만한 충분한 여력을 갖추지 못했으니 너무 자조할 일은 아닐 것이다. 아마 시간이 해결해 줄 것이다. 그렇다면 나이 교수가 말한 소프트 파워의 다른 두 가지 요소는 어떨까? 문화나 가치에 있어 한국이 진정으로 소프트 파워의 여건을 모두 갖추고 있는가? 나이 교수는 그렇다고 했지만 여기에 대해서도 필자는 확신하지 못한다.

먼저 규범적 국내 가치를 생각해 보자. 여기서 중요한 것은 민주주의의 기초를 이루는 법치, 인권, 자유 등 보편적 가치이다. 표면적으로 보면 지난 수십년간 한국 민주주의 발달은 이러한 가치를 크게 신장시켰다. 과거 권위주의 시대와 비교하면 엄청난 발전이다. 그러나 눈을 밖으로 돌려 다른 나라, 특히 선진 민주 사회와 비교하면 역시 갈 길은 멀다. 인권을 그렇게 외쳤던 진보 세력은 휴전선 바로 건너 북한에서 자행되는 인권 탄압에 대해 꿀 먹은 벙어리가 되어 있다. 언론과 표현의 자유 역시 겉으로는 크게 신장되었지만 실상은 그렇지만도 않다. 얼마 전 집권 민주당이 추진하던 언론중재법 개정안을 보면 이 점은 분명하다. 징벌적 손해 배상을 무기로 자유롭고 정의로운 목소리를 잠재우려는 시도가 역력하다. 유엔 등 국제 사회가 이 점을 지적하자 겨우 마지못해 이 시도를 연기했다. 보편적 가치를 통한 한국의 소프트 파워는 아직 요원해 보인다.

마지막으로 문화를 통한 소프트 파워에 대해서도 마냥 장밋빛은 아니다. 한국의 대중 문화가 세계적 인기는 높지만 그 이면의 어두운 면을 조명할 필요가 있다. 이번에 화제가 된 오징어 게임 드라마를 보면 그 작품성이나 완성도가 높은 것은 사실이다. 흥미를 유발하는 여러 요소들이 겸비되어 있어 한번 시청을 시작하면 쉽게 내려놓지 못한다. 그러나 그 드라마가 전하는 얘기는 잔인하고 폭력적이기 그지없다. 돈이라는 목적을 위해 서로 죽고 죽이는 잔혹성이 지나쳐 외국의 일부 시민 단체는 청소년 시청 금지 등 규제를 요구하는 상황이다.

이 점은 지난해 비영어권 영화로는 최초로 아카데미 영화상을 수상한 기생충 역시 마찬가지이다. 폭력과 기만이 난무하고 빈부간의 갈등과 대립이 끝없이 묘사되는 점은 시청자들에게 씁쓸한 뒷맛을 안겨준다. 물론 드라마의 극적인 효과를 위해서 외국의 작품들도 폭력과 갈등을 강조한다. 할리우드 영화 헝거 게임은 오징어 게임과 유사하게 생존을 위해 죽고 죽이는 스토리로 구성되어있다. 그러나 여기서는 정의가 승리하는 해피엔딩으로 마지막을 장식한다. 대개의 할리우드 작품들이 이러한 결말을 통해 절망 속의 희망, 어둠 속의 빛을 보이려고 노력한다. 어둡고 절망에 가득 찬 한국 드라마의 결말을 보고 외국인들은 아마 이것이 한국의 실상이라고 느낄 것이다.

한국의 드라마나 영화와 달리 K-팝은 물론 밝은 희망을 주로 얘기한다. BTS의 히트곡들은 대개 젊은 세대에게 희망을 주는 메시지를 전달한다. 이들은 유엔 무대에까지 서서 환경과 인권 등 긍정적인 가치를 전파했다. 그러나 동시에 K-팝은 여러 가지 스캔들로 얼룩져 있다. 인기 아이돌의 마약이나 성범죄 등 일탈 행위가 심심치 않게 터져 나온다. 또 인기를 위해 군인처럼 훈련받고 모든 것을 희생하는 아이돌의 모습도 보도된다. 이런 점들은 국내 팬들뿐 아니라 해외 팬들에게도 익히 알려져 있어 한류의 한계로 지적되고 있다.

결국 소프트 파워의 3대 요소인 문화, 국내 가치, 대외 정책에 있어 아직은 한국이 미흡하단 얘기이다. 그렇다고 낙담할 필요는 없다. 타국과 비교해서 아직 못 미친다는 얘기지 이 분야에서 그간 한국이 이뤄놓은 성과를 부정하는 것은 아니다. 세 가지 모든 면에서 지난 수십년간 한국은 많은 발전을 거두었고 그 결과 이제는 소프트 파워 강국이라는 평가를 제법 받는 것이다. 중요한 것은 남들 평가에 우쭐하고 자만할 것이 아니라 지속적인 노력을 기울이는 것이다. 드라마 오징어 게임처럼 결국 승부는 끝까지 가보아야 아는 것이다.

아주경제 2021년 10월 25일

K-콘텐츠 전성시대…
국내 플랫폼 기업 해외진출 서둘러라

넷플릭스에서 상영되어 전 세계적으로 선풍적 인기를 끈 드라마 '오징어 게임'은 한국에 기회와 한계를 동시에 보여준 현상이다. 이 드라마가 개봉 불과 한달 만에 전 세계 1억4000만 가구가 시청해 넷플릭스 사상 최고의 드라마가 된 점은 분명히 기회로 다가온다. 마찬가지로 세계적인 인기를 끌고 있는 K팝과 K무비와 함께 K드라마는 이제 전 세계를 주름잡는 문화 콘텐츠로 자리매김했다. 반면에 이 드라마가 엄청난 성공을 거두었지만 이에 따른 대부분의 과실은 제작사가 아닌 플랫폼 사업자 넷플릭스에 돌아갔다. 자기들 기준으로는 푼돈에 지나지 않는 240억원을 투자해서 1조원의 수익을 얻었으니 무려 40배에 달하는 수익률을 올린 것이다. 쉽게 말해 재주는 곰이 부렸으나 그 과실은 다른 사람 몫이었다.

설립 20여년 만에 세계 최대 미디어 기업으로 성장한 넷플릭스는 사실 한국 시장에서 많은 기회를 얻어가고 있다. 한국 드라마 제작에 투자해 높은 수익을 올리는 것 말고도 매우 저렴하게 인터넷 망을 사용하고 있는 것이다. 넷플릭스 콘텐츠 시청이 늘어나면서 이를 실어 나르는 인터넷 망의 교통량이 폭증하고 이로 인해 인터넷 서비스 회사들의 부담이 증가하고 있지만 이 회사는 별도 부담 없이 무임승차를 즐기고 있다. SK브로드밴드는 넷플릭스에 추가 비용 부담을 요구하고 있으나 넷플릭스는 이에 불응하여 현재 이 사안은 법정 소송에 이르렀다.

이 때문에 지난주 넷플릭스의 딘 가필드 부사장은 한국을 방문하여 관계자들을 만나고 기자회견까지 열었다. 그러나 그는 넷플릭스가 자체 시스템을 이용하여 인터넷 서비스 회사의 부담을 줄여주고 있다는 기존의 입장을 되풀이하며 추가 부담을 할 의사가 없음을 분명히 했다. 기자회견장에 '오징어 게임'의 트레이드 마크인 초록색 운동복 상의를 입고 나와서 역시 드라마에서 나오는 '깐부'라는 개념까지 들먹이며 한국의 환심을 사려고 했지만 한국 언론과 당국의 반응은 싸늘할 수밖에 없었다. 자신들의 우월적 지위를 이용해 한국에서 막대한 수익을 올리려는 자세에 변함이 없기 때문이다.

그러나 한국 당국이나 기업의 불만이 아무리 커도 이는 피할 수 없는 현실이다. 미국의 초대형 다국적 첨단 회사들은 이미 전 세계 시장을 장악했고 대부분 국가의 기업들은 이들에게 철저히 종속되어 있다. 특히 GAFA라고 불리는 네 플랫폼 회사, 즉 구글, 애플, 페이스북, 아마존은 전 세계에서 독점적 지위를 확고히 하고 있다. 대부분 기업과 소비자들이 이 플랫폼들을 통해야만 물건과 서비스를 거래할 수 있기 때문에 이들 기업이 요구하는 조건을 좇아갈 수밖에 없는 입장이다. 이들 다국적 기업은 이와 같은 공격적이고 독점적인 확장 정책을 통해 전 세계 시장을 장악하며 엄청난 수익을 올리고 있다.

이 때문에 이들 디지털 플랫폼 회사들을 규제하려는 국제적 움직임이 가시화되고 있다. 얼마 전 이탈리아에서 열린 G20 정상회의에서 합의한 디지털세가 그 한 예이다. 전 세계 경제의 90%를 차지하고 있는 G20 정상들은 2023년부터 초대형 다국적 기업들에게 최소 15%의 세금을 부과하기로 합의했는데 여기에 해당될 기업들이 주로 앞서 언급된 GAFA, 넷플릭스 등 디지털 플랫폼 회사들이다.

이러한 대형 첨단 기술 기업들이 전 세계에서 엄청난 수익을 올리고 있지만 국제 과세 제도의 허점을 이용해 아주 소액의 세금만 내고 있기 때문이다. 특히 아일랜드나 헝가리 등 법인세율이 낮은 국가에 본부나 지부를 세워 세금을 회피하는 것을 막자는 것이다. 한국의 삼성전자나 SK하이닉스 같은 다국적 제조업 회사들도 디지털세를 내게 되지만 그 금액은 크지 않을 전망이다.

이러한 조치는 늦었지만 당연한 것으로 여겨진다. 초대형 다국적 기업들은 세계화의 엄청난 혜택을 입고 있지만 이들의 수익 독점 구조는 세계적 불균형을 심화시킨다. 주로 미국에 위치한 이러한 다국적 기업들은 전 세계 시장에서 막대한 수익을 올릴 뿐 아니라 그들의 압도적 지위와 영향력을 통해 현지 기업들을 옥죄고 시장에서 밀어내고 있는 상황이다. 팬데믹, 기후 변화 등 심화되는 세계적 이슈들을 해결하기 위해 현재 각국 정부는 더 많은 지출이 필요하나 이에 대한 추가적인 세수 확보가 어려운 상황이다. 이런 마당에 다국적 기업에 새로 부과되는 디지털세는 이러한 정부 지출 프로그램의 재원을 확보하는 데 큰 도움이 될 것이다.

이로 인해 각국 정부들은 매년 1500억 달러의 새로운 세금을 거둬들일 수 있게 된다. 연 매출이 200억 유로 이상이고 이익률이 10%가 넘는 다국적 기업들은 10%가 넘는 초과 이익의 4분의 1에 대해 수익이 발생하는 국가에 세금을 내게 된다. 그 국가에 물리적인 법인체를 갖고 있지 않더라도 과세는 피할 수 없다. 특히 개발도상국에 더 많은 이익이 돌아갈 것으로 OECD는 전망한다.

특기할 만한 사항은 한국도 다국적 플랫폼 기업들을 규제하는 데 앞장서고 있다는 점이다. 최근 우리나라 국회는 소위 '구글 갑질 방지법'을 제정했는데 이는 구글과 애플 같은 모바일 앱 서비스 플랫폼 회사들이 앱 콘텐츠 업체들에게 자신들 시스템 내에서만 결제를 하도록 강요해 온 것을 방지하려는 것이다. 이들 플랫폼은 자신들의 우월적 지위를 이용해 높은 수수료가 따르는 자체 결제 시스템을 요구했고 이로 인한 부담은 앱 개발자와 소비자들의 몫으로 돌아갔다.

법안이 통과되었지만 양 플랫폼 회사들이 이 정책을 따를지는 미지수다. 구글은 지난주 본사 발표를 통해 한국의 정책을 따르겠다고 발표했고 방송통신위원회에 구체적인 내용도 전달했다. 즉 앞으로는 앱 콘텐츠 개발자들이 구글의 결제 시스템을 사용하지 않고 외부 시스템을 사용할 수 있도록 하는 것이다. 그러나 외부 결제에 대해서도 여전히 높은 수

수료를 고집하고 있어 법안의 실효성이 의문시 된다. 애플은 아직까지 특별하게 개선된 대책을 발표하지 않아 이 법안을 무력화시키려는 의도를 보인다. 이에 따라 양 회사는 한국 정부와 향후 갈등 관계를 지속할 것으로 보인다.

구글과 애플과 관련된 당국의 조처는 한국뿐 아니라 외국에서도 첨예한 관심을 불러일으켰는데 그 이유는 이러한 법안이 세계 최초로 한국에서 제정되었기 때문이다. 다국적 기업이나 재벌 회사들의 독과점 및 시장 장악에 대해 한국에서 거부감이 유독 높은 것이 한 이유로 지목된다. 또한 미래 먹거리 중 하나로 여겨지는 콘텐츠 산업을 육성하기 위한 조치로도 여겨진다. 특히 디지털, 문화 콘텐츠는 한국이 승부를 걸어볼 수 있는 전망이 밝은 분야다.

그러나 이러한 규제에도 불구하고 대규모 플랫폼 회사들은 자신들의 영역을 끝없이 확장하여 몸집을 계속 불리는 추세다. 특히 이들은 콘텐츠 시장에 직접 뛰어들어 기존 업체들을 위협한다. 넷플릭스는 단순한 DVD 렌털로 시작해 비디오 스트리밍 회사로 성장했지만 현재는 막대한 금액을 콘텐츠에 투자하고 있다. 애플은 애플TV 플러스, 아마존은 아마존 프라임을 통해 자체 콘텐츠를 생산하고 있고 이를 통해 넷플릭스의 아성에 도전하고 있다. 반대로 월트 디즈니는 디즈니뿐 아니라 마블 영화, 폭스TV 등 풍부한 자체 콘텐츠를 무기로 디즈니 플러스라는 비디오 스트리밍 플랫폼을 출범시켰다. 쉽게 말해 콘텐츠와 플랫폼 사업 간의 경계가 무너지면서 무한 경쟁의 시대에 돌입한 것이다.

이에 반해 한국의 상황은 초라하다. 앞서 언급한 대로 콘텐츠 산업 경쟁력은 어느 정도 확보했으나 플랫폼 분야에서는 갈 길이 요원하다. 물론 미국을 제외한 어느 나라도 플랫폼은 쉽게 넘보기 힘든 분야다. 유럽의 선진국들조차도 힘을 쓰지 못한다. 그러나 한국의 플랫폼 기업들에게 희망이 전혀 없는 것은 아니다. 네이버나 카카오는 그런대로 국내에서 탄탄한 입지를 구축했다. 검색 부문에서 한국은 구글이 장악하지 못하는 전 세계 몇 안되는 나라 중 하나다. 그러나 이것이 계속 된다는 보장은 없다. 글로벌 플랫폼 기업의 엄청난 확장 속도를 보면 한국도 안전하지 않다. 그런 이유로 한국 플랫폼 기업들은 어렵더라도 해외 진출을 서둘러야 한다. 안일하게 국내에서 골목 상권이나 넘볼 때가 아닌 듯하다.

아주경제 2021년 11월 11일

大) 퇴직(the Great Resignation) 사태 한국도 벌써 왔었니

美中 사이에서 중심 못잡는 우리 외교의

반기문의 어정쩡한 퇴장

핀테크 강점 살려 서울을 5대 글로벌 '금융 허브'로 만들지

신냉전 시대 한국 새 대통령의 외교 과제

文정부의 씁쓸한 '국민외교' 성적표

시진핑과 푸틴의 자기 확증 편향 오류

2022

Lee Byung Jong's column

안보 시대, 기업인 홀대하는 한국

회고록에 드러난 한국 외교의 허상

타임스의 자기혁신과 종이신문의 운명

공공외교의 첫 단추가 돼야 하는 이유

이미지 만드는 정치 지도자의 덕목

개 둘로 갈라진 미국… 퇴보하는 민주주의

외교관' 될 청년 해외 봉사단 키우자

대(大)퇴직(the Great Resignation) 사태 한국도 멀지 않았다

2022년 한국 사회에 닥쳐올 큰 변화 중 하나가 현재 미국에서 유행인 '대(大)퇴직(The Great Resignation)'이 아닌가 한다. 대퇴직이란 코로나 팬데믹을 거치며 자발적으로 회사를 사직하는 노동자의 숫자가 급격히 증가하는 현상을 말한다. 미국에서는 지난해 1월부터 10월까지 3900만명의 노동자가 자진 퇴사했는데 이는 통계를 집계하기 시작한 2000년 이후 최고치에 달한다. 주로 소매업, 식당, 호텔 등 저임금 서비스직에서 팬더믹 상황에 악화된 근무 환경으로 인해 발생한 번아웃, 즉 심신이 고달파진 이유 때문에 시작된 이 현상은 이제 일반 사무직종까지도 광범위하게 확산되고 있다. 이로 인해 기업은 직원 구하기가 갈수록 어려워지고 있어 이에 대처하기 위한 방안에 고심하고 있다. 상황이 조금 다르지만 유럽에서도 이 현상은 심화되어 독일에서는 기업의 3분의 1이 숙련 노동자 구하는 데 어려움을 겪고 있다.

대퇴직이라는 용어를 처음 고안한 텍사스 A&M 대학의 앤서니 클로츠(Anthony Klotz) 교수는 팬더믹으로 인해 직장인들이 번아웃을 겪는 과정에서 일과 생활에 대한 새로운 가치관을 갖게 되면서 사직 후 워라밸(일과 생활의 균형)이 좀 더 보장되는 창업이나 프리랜서로 전업하거나 아니면 아예 조기 퇴직을 단행한다고 설명한다. 물론 이런 현상은 팬더믹 이전에도 있었다. 특히 인생의 행복을 금전적 성취보다 중요시하는 젊은 MZ세대에게 두드러진 현상이었다. 그러나 이러한 추세는 직장인들이 코로나바이러스로 인해 디지털 업무를 통한 유연한 재택 근무 환경을 경험한 이후 더욱 가속화되었다.

이렇게 직장을 사직한 근로자들은 시간과 장소에 크게 얽매이지 않고 업무가 가능한 디지털 경제 활동으로 전환하게 되는데 핀테크나 인터넷 뱅킹, 가상자산 분야에서 이러한 기회를 찾게 된다. 이는 한국에서도 발생하는 현상이다. 프리랜서와 일자리를 연결하는 서비스가 증가하고 있고 전통적 금융 기업에 근무하던 직장인들이 사직하고 인터넷 금융 관련 업무를 창업하기도 한다. 고용노동부에 따르면 작년 3분기 자발적 이직 노동자 수가 87만명에 달해 전년 동기 대비 12% 상승했다. 2분기에는 85만6000명으로 1년 전 보다 17.7% 증가한 바 있다.

단순한 수치뿐 아니라 실제로 이런 현상을 생생하게 목격할 수 있는 곳이 제주도가 아닌가 한다. 정확한 통계는 없지만 한국의 많은 MZ세대들이 현재 이곳에서 단기·장기 체류하고 있다. 이들 중 일부는 칼 같은 출퇴근이 요구되는 빡빡한 직장 생활을 일시 사직하고 여기서 몇 달 혹은 몇 년 동안 여유 있는 충전 기간을 갖는다. 직장 생활 중 저축한 돈이나 실업 급여에 의존하면 충분히 생활이 가능하다. 자금력이 있고 장기 체류를 원하는 사람 중에는 아예 게스트하우스나 셰어하우스를 차려 사업을 하는 경우도 있다. 일부는 직장을 갖고 있는 경우도 있는데 육지를 끊임없이 왕래하며 재택 근무, 월차 휴가 등을 이용해 회사 업무를 처리한다. 제주도에서 만난 한 30대 여성 직장인은 벌써 1년째 이런 생활을 하고 있는데, "코로나19로 인해 일과 인생에 대해 새로운 생각을 갖게 되었다"고 말했다.

이러한 대퇴직 시대를 맞아 기업들은 여기에 대응하기 위해 고심할 수 밖에 없다. 아직 한국에서는 일어나지 않은 상황이지만 미국에서는 기업들이 심각한 인력난을 겪고 있고 이로 인해 임금은 가파르게 상승하고 있다. 저임금 근로자 임금은 1920년 이후 가장 가파르게 상승하고 있다. 이는 공급망 차질과 맞물려 인플레이션 등 심각한 경제난까지 유발하고 있다. 미국 기업들은 사직한 직장인들을 다시 불러들이기 위해 여러 가지 유인책을 강구한다. 골드만삭스는 무급 안식년제를 도입했고 크라우드 펀딩 회사 킥스타터는 주4일 근무제를 채택했다. 그 밖에도 일정 시간 회의나 통화를 금지하는 블랙아웃제를 통해 직장인의 업무 스트레스를 줄이려는 회사도 있다.

그러나 전문가들은 이런 정도의 조치로는 대퇴직 현상을 막기엔 역부족이라고 진단한다. 선진국의 경우 고령화 및 저출산과 맞물려 인력 부족 현상은 단기에 끝나지 않고 장기화할 것으로 전망한다. 오랫동안 정체된 임금과 날로 가중되는 업무 부담에 염증을 느끼는 직장인들은 팬더믹을 통해 직장 생활에 대한 본질적인 회의를 느끼고 있고 이는 팬더믹이 끝나도 쉽게 해결되지 않을 것으로 판단한다. 일부 학자는 현재의 대퇴직이 일종의 "자발적·비공식적 파업"으로 규정하며 대폭적인 임금 인상과 근로 조건 개선을 요구하는 집단적 행동으로 여긴다.

이와 관련해 애비게일 수식(Abigail Susik)이라는 저명한 역사학자는 뉴욕타임스 기고문을 통해 작금의 대퇴직 사태가 기업 문화 및 고용주와 고용인 관계를 근본적으로 바꾸는 패러다임의 변화로 이어질 것으로 예측한다. 20세기 초 프랑스 등 선진국에서 비슷하게 일어났던 대규모 퇴직 및 노동운동의 결과로 근로시간 단축, 노동 환경 개선, 노동법 강화 등 획기적인 변화가 이루어진 점을 상기시키며 이와 유사한 변화를 예상한다. 팬더믹으로 더욱 심화된 양극화 때문에 이러한 현상이 생각보다 빨리 도래할 것으로 단언한다. 우리 기업들이 깊이 귀담아들어야 할 듯하다. 미국 같은 대규모 퇴직 사태가 아직 한국에는 상륙하지 않았다고 안일하게 생각한다면 한번 제주도를 방문해 보기를 권한다.

아주경제 2022년 1월 4일

美中 사이에서 중심 못잡는 우리 외교와 반기문의 어정쩡한 퇴장

비행기 추락 사고로 임기 중 사망한 2대 유엔 사무총장 다그 함마르셸드는 유엔의 임무가 인류를 천당으로 인도하는 것이 아니라 지옥에 빠지지 않게 하는 것이라고 말했다. 그 자신 사무총장 직책을 맡을 때 전임자로부터 "지구상에서 가장 어려운 자리"라는 경고를 받았다. 지구상에 산적한 복잡한 문제를 푸는데 있어 193개 회원국의 다양한 이해 관계에 얽매여야 하고, 또한 모든 사안에서 거부권을 행사할 수 있는 막강한 5개 안보리 상임 이사국의 눈치를 봐야하기 때문이다. 그래서 사무총장의 영문 표기 Secretary General의 약자 SG를 Scape Goat, 즉 희생양이라고 부르기도 한다.

이런 어려운 직책을 10년 동안 두 번에 걸쳐 수행한 반기문 전 사무총장에 대한 평가는 어떠할까? 사실 반 총장이 2016년 말 임기를 마치고 그는 곧 한국의 대통령 선거에 뛰어 들어 정치의 한 복판에 섰기 때문에 국내에서는 그 평가를 제대로 할 기회가 없었다. 한국인의 뇌리 속에 남아 있는 반 총장의 모습은 준비 없이 대선에 뛰어 들어 우왕좌왕하다가 이미지에 큰 손상을 입고 우스꽝스러운 모습으로 중도 하차한 것이다. 그 후 5년 간 한국 사회는 그에게 큰 관심을 보이지 않았고 이제는 잊혀진 과거의 인물로 치부되고 있다.

그러나 지난 12월 그는 '반기문 결단의 시간들'이라는 한국어 자서전 출판을 통해 10년간 유엔 수장으로서 자신의 활동상을 조명하고 있다. 작년 6월 미국에서 영어로 출판된 'Resolved'란 책을 번역하고 거기에 자신의 2017년 대선 출마에 대한 내용을 추가하여 출판했다. 어린 시절 충주 음성의 시골 소년이 국제 무대를 주름잡는 외교관의 꿈을 키워온 때로부터 대통령 비서실 외교안보수석비서관, 외교통상부 장관을 거쳐 지구상 가장 높은 외교직인 유엔 사무총장에 이르기 까지의 전 과정을 담담하게 기술하고 있다.

역시 자서전이기 때문에 반 총장은 자신에게 후한 점수를 주고 있다. 리비아, 시리아, 수단, 코소보, 콩고 내전 등 난마처럼 얽힌 지구상의 수많은 분쟁을 해결하기 위해 몸을 던져 동분서주했고 난민, 기아 문제 등 인도주의적 위기 상황 극복을 위해 전 세계의 관심과 도움을 구해 많은 성과를 이뤘다는 점을 강조한다. 또한 임기 막판 파리 기후 협상을 극적으로 이끌어내 지구 온난화를 늦추었으며 지구촌의 후손 세대를 배려한 지속가능한 개발 목표 즉 SDG(Sustainable Development Goal)를 합의해 낸 점도 큰 치적으로 내세운다. 에볼라 등 지구적 질병 퇴치를 위해서도 노력했으며 여성과 인권 문제에 있어 유엔의 역할을 크게 강화했음을 상기시킨다. 아울러 유엔의 비능률과 관료화를 해결하기 위한 대담한 조직 개편과 개혁도 소개한다.

이러한 호의적인 평가는 그 동안 국제 여론 및 언론의 인색한 평가와는 거리가 있다. 특히 미국 등 서방 언론은 반 총장 임기 내내 그의 무기력함과 무성과를 신랄하게 비판했었다. 중요한 문제에 있어 자신의 목소리를 내지 못하는 점을 들어 그를 'Invisible Man', 즉 '보이지 않는 사람', 혹은 'Nowhere Man', '아무데에도 없는 사람'이라고 혹평하기도 했다. 전임 코피 아난 총장과 비교해 카리스마와 소통 능력이 결여된 점을 비난하기도 했다.

임기 한창인 2013년 뉴욕타임즈는 'Where Are You, Ban Ki Moon?', '반 총장은 어디 있는가?'라는 신랄한 비판 컬럼을 게제했다. 여기서 유엔이 끔찍한 반인륜적인 시리아 내전 사태에 손을 놓고 있는 점을 들어 그를 통렬하게 비난했다. 그 전에 있었던 코펜하겐 기후 협약의 실패, 스리랑카 내전 사태 방치, 유엔 평화유지군의 의한 하이티에서의 콜레라 확산 등 수 많은 실정을 들어가며 그를 공격했다. 아울러 그의 영어가 완벽하지 않고 연설할 때도 원고에 의존하는 등 소통 능력의 문제도 제기했다.

그러나 반 총장에 대한 이러한 서방 언론의 비판 기사를 보면 한 가지 특이한 공통점이 있다. 시작은 주로 반 총장의 공격으로 시작되지만 후반에 가면 항상 유엔 사무총장 직책의 한계에 대해 언급한다. 즉 반 총장의 문제는 반 총장 개인의 문제라기 보다는 유엔의 구조적 문제에 기인

한다는 점이다. '지구상에서 가장 어려운 자리'라는 말처럼 모든 회원국들의 이해와 갈등을 조정하고 협상하는 것이 그만큼 어렵다는 점을 잊지 않는다. 반 총장 아니라 누가 와도 해결하기 어려웠을 것이라는 점이다. 특히 재임 중 문제가 되었던 시리아 내전 사태의 경우 유엔이 행동을 취하려 해도 안보리 상임 이사국 중 러시아와 중국이 강력히 반대해 무산된 점을 상기시킨다. 초강대국 상임 이사국인 미국과 대립각을 세우다 관례인 두 번째 임기를 채우지 못하고 퇴출된 부루토스 갈리 전임 사무총장의 경우를 보더라도 이 자리가 얼마나 어려운지 알 수 있다.

유엔 사무총장직의 그러한 태생적인 한계를 볼 때 반 총장의 실적을 실패로 볼 수는 없다. 오히려 테러 등 위협에도 불구하고 지구 곳곳 분쟁 지역을 빠짐없이 다니며 중재의 노력을 기울인 점이나 놀랄만한 체력과 정신력으로 쉬지않고 노력한 점은 충분히 인정받아야 할 것 같다. 카리스마와 소통력이 부족하다는 지적도 따지고 보면 반 총장의 동양적인 겸손함과 완곡함 때문이기도 하다. 한국의 입장에서 보면 그가 10년 동안 동분서주하며 닦아놓은 전세계 인적 네트워크와 국제 문제에 대한 경험을 이용할 필요가 있다. 미중 대결 구도 속에서 중심을 잡지 못하고 있는 한국 외교의 현실을 볼 때 이는 더욱 절실해 보인다. 5년 전 섣부르게 정치판에 뛰어 들었다가 어정쩡한 모습으로 퇴장한 그의 전력 때문에 한국을 위해 지금 그가 국제 외교적으로 큰 역할을 하지 못하는 것은 국가적으로 손실이란 생각이 든다.

아주경제 2022년 2월 7일

핀테크 강점 살려 서울을 5대 글로벌 '금융 허브'로 만들자

2003년 노무현 전 대통령은 서울을 동북아 금융 허브로 만들겠다는 야심 찬 계획을 발표했다. 중국 등 신흥 경제국의 추격으로 한국 제조업의 경쟁력이 하락하는 가운데 서비스 산업, 특히 금융 산업을 획기적으로 육성하겠다는 복안이었다. 여의도를 뉴욕의 맨해튼으로 만들겠다는 생각으로 초대형 국제금융센터(IFC) 건설을 시작했고 그 외 규제 완화, 인프라 구축 등 다양한 방안을 내놓았다. 2012년까지 아시아 3대 금융 허브를 구축한다는 목표였다.

그러나 20여 년이 지난 지금 이러한 원대한 계획은 한낱 허황된 꿈으로 여겨진다. 전통적 아시아 금융 허브인 홍콩이나 싱가포르에 훨씬 뒤처진 가운데 상하이 등 신흥 금융 도시에도 밀리는 상황이다. 권위 있는 글로벌금융센터인덱스(GFCI)에 서울은 세계에서 13위, 아시아에서는 6위에 머물러 있다. 반면 1위 뉴욕, 2위 런던에 이어 홍콩은 3위, 싱가포르는 4위에 위치한다. 이는 그나마 개선된 순위이고 불과 몇 년 전까지만 해도 서울은 30위권에서 맴돌았다.

금융 허브로서 서울이 힘을 쓰지 못하는 가장 큰 이유 중 하나는 금융 기관의 지방 이전이다. 서울의 경제 집중을 줄이고 지방 균형 발전을 도모한다는 명목으로 정치권이 서울의 금융 기능을 키우기보다는 이를 지방 도시로 분산시켜 왔다. 한국거래소와 한국예탁결제원, 자산관리공사가 부산으로, 국민연금공단은 전주로 이전했다. 여기에 더해 이재명 대통령 후보는 영호남 남부 수도권을 건설해 금융 허브 기능을 더욱 분산하겠다고 공약하고 있다. 표를 의식하는 정치권에서는 산업은행, 수출입은행, 기업은행 등 국책은행의 지방 이전까지도 요구하고 있다.

그러나 세계적인 금융 허브 도시가 날로 그 몸집을 키우는 마당에 이는 시대에 역행하는 정책이다. 뉴욕이나 런던 등 대규모 금융도시와 경쟁하기 위해 싱가포르, 홍콩, 상하이, 도쿄 등 아시아 도시들은 집중적인 정부 지원 정책을 통해 금융 인프라를 강화하고 세제 혜택 등을 통해 외국 금융 기관 유치에 열을 올리고 있다. 이런 상황에서 한국은 오히려 서울의 금융 기능을 줄이고자 노력한다. 거기에다 여전히 남아 있는 까다로운 규제, 경직된 노동시장, 높은 세금으로는 외국 금융 기관을 유치하기가 불가능하다. 다른 주요 금융도시에서 찾아볼 수 없는 까다로운 외환관리법이 존재하고 영어 사용이 아직 불편한 것도 큰 장애 요인이다.

또한 외국 금융 기관 관점에서는 한국이 시장으로서 매력을 잃어

가고 있다. 경쟁은 치열해지는 반면 금융 시장 규모는 제자리걸음인 것이다. 최근 미국의 씨티뱅크는 한국에서 소매 금융업을 철수하기로 결정했는데 이는 수익성 악화에 기인한 것이다. 이러한 조치는 비단 한국뿐 아니라 아시아 많은 지역에서 단행되었지만 싱가포르 등 아직 잠재력이 있는 도시에서는 철수 움직임이 없다. 2013년 HSBC가 소매 금융 철수를 단행한 데 이은 이번 조치로 국제 금융 기관이 보는 한국 금융 시장의 매력은 갈수록 하락하고 있다.

그러나 서울이 국제 금융도시로서 가능성이 전혀 없는 것은 아니다. 특히 한국의 앞선 IT 기술을 금융에 접목한다면 현재 각광받고 있는 핀테크 분야에서 성공할 가능성이 높다. 앞서 소개된 GFCI는 금융 허브가 유치할 수 있는 금융 기관을 여덟 종류로 나누는데 여기서 한국은 핀테크 분야에서 6위를 차지하고 있다. 은행, 투자 관리, 보험 등 기타 분야에서는 모두 10위권 밖에 위치하는 것을 볼 때 역시 한국이 기대할 수 있는 분야는 핀테크인 것이다.

이와 관련해 한 가지 고무적인 것은 중앙정부가 등한시하는 금융 허브 건설에 서울시가 앞장서고 있고 특히 핀테크에 주력한다는 것이다. 특히 오세훈 서울시장은 취임 후 의욕적으로 이 사업을 추진하고 있다. 2030년까지 서울을 글로벌 5대 금융도시로 만들겠다는 계획으로 외국 금융 기관 100개를 유치하고 연간 외국인 직접 투자 300억 달러를 목표로 하고 있다.

이를 위해 얼마 전 서울투자청을 설립했고 이를 통해 핀테크 스타트업 회사 유치에 공을 들이고 있다. 여의도 IFC 내에 핀테크 랩(Fintech Lab)을 구축했고 이를 이용해 현재 10여 개국 스타트업 100여 개를 유치했다. 새로 입주하는 핀테크 신생 회사들은 서울시가 제공하는 각종 혜택을 얻게 되는데 여기에는 사무실 및 고용 지원, 법률 서비스 알선, 자금 조달 등이 포함된다. 서울시는 향후 5년간 2500억원을 지원해 자산관리, 금융투자, 크라우드펀딩, 블록체인 분야 스타트업을 유치해 육성할 계획이다.

또 한 가지 금융 허브로서 서울의 장래를 기대해 볼 수 있는 이유는 최근 불안해지는 홍콩의 국내 상황이다. 중국이 엄격한 국가보안법을 통과시킨 이후 1997년 영국의 양도 이후 홍콩이 누려온 1국 2체제는 흔들리고 있고 여기에 불안을 느끼는 외국 기업들이 홍콩을 탈출하는 것이다. 미래 예측 가능성이 어려워지는 현실에서 심하면 사유 재산 보호에 대한 우려까지 생기는 상황이다. 현재는 이 과실을 정치·경제적으로 보다 안정된 싱가포르가 대부분 취하고 있어 많은 다국적 회사들이 몰려가고 있으나 이 중 일부분을 서울이 유치할 수도 있다.

이러한 가능성은 최근 국제적 언론사의 움직임에서 확인된다. 지난 몇 년간 서울은 아시아의 새로운 미디어 허브로 부상하고 있다. 즉 국제적인 언론사들이 아시아 지역 본부를 홍콩이나 도쿄 혹은 베이징에서 서울로 옮기고 있는 것이다. 지난해에는 뉴욕타임스가 아시아 디지털 본부를 서울에 설치하고 아울러 일부 지역 본부 기능을 홍콩에서 서울로 이전한 바 있다. 워싱턴포스트 역시 서울 지국을 런던 등 국제적 도시와 맞먹는 지역 허브 도시로 격상했다. 이를 위해 인력을 확충하고 기타 설비를 보강하고 있다. 다른 서방 언론기관들도 서울 지국 확장을 검토 중이다.

그 이유는 홍콩이나 싱가포르 등 권위적이고 폐쇄적인 국가에 비해 한국이 더욱 개방되었기 때문이다. 과거에 비해 언론 자유가 크게 개선되어 있고 정부 기관이나 기업도 언론에 보다 우호적인 것이 서울 이전 및 확장의 배경이었다고 이들 언론사는 전한다. 거기에다 도쿄, 홍콩 등 도시에 비해 아직 상대적으로 저렴한 물가나 사무실 유지비도 그 이유라고 밝히고 있다.

이러한 잠재력을 고려할 때 서울을 금융 허브로 만들기 위한 정부의 노력은 지금이라도 재개되는 것이 필요하다. 이는 곧 정부가 지향하는 양질의 일자리와도 연결되고 제조업 하락을 상쇄하는 서비스 산업의 발전에 부합하기 때문이다. 또한 이는 한국이 자랑하는 IT와 고도로 교육되고 훈련된 인력을 효과적으로 사용하는 방안이기 때문이다.

그러나 한국이 동북아 금융허브가 되기 위해서는 여러 가지 선결조건이 따른다. 무엇보다 과도한 정부 규제 완화이다. 아직까지 금융당국은 포지티브 규제 정책을 고수하여 법률이나 정책이 허용하지 않는 것은 금지하고 있다. 그러나 대부분 외국 금융 허브에서는 반대로 금지되지 않는 것은 모두 허용하는 네거티브 규제를 시행하고 있다. 주 52시간 근로제의 탄력적 운용 없이는 원활한 국제 금융 거래가 어렵다. 외환시장 육성도 요구된다. 현재 100억 달러 규모인 시장으로는 금융 중심지로 부상하는 게 불가능하다. 이 밖에도 법인세 등 조세 부담 완화가 필요하다. 또한 금융 지식이 해박하고 영어 구사가 자유로운 인재의 확보가 시급하다. 비영어권 국가 중 영어 구사력이 5위인 싱가포르에 비교해 한국은 30위로 처져 있다.

더욱 필요한 것은 정치권의 의지다. 특히 지방 균형 발전 논리에 매몰되어 기존 금융 기관을 지방으로 분산하려는 정책을 재고해야 한다. 금융 허브와 관련해 20여 년 전 노무현 대통령은 두 가지 상반된 정책을 추진했다. 한 가지는 동북아 금융 허브 건설이고 또 한 가지는 지방 균형 발전이다. 안타깝게 이 두 가지 정책은 병행이 어려워 상호 모순적이다. 이번 대선에 나서는 주요 후보들은 모두 노무현 대통령 정신을 계승하겠다고 밝혔다. 두 정책이 동시에 성과를 내기 힘든 상황에서는 선택과 집중이 필요한 시점이다.

아주경제 2022년 2월 20일

신냉전 시대 한국
새 대통령의 외교 과제

필자가 이 칼럼을 쓰는 시점에 대한민국 20대 대통령이 누가 될지는 알 수 없다. 그러나 한 가지 확실한 것은 누가 차기 대통령이 되더라도 엄청난 난관을 극복해야 할 것이다. 코로나 바이러스는 아직도 정점을 모르고 확산 되고 있고 물가 상승, 청년 취업난 등 산적한 국내 문제가 끝이 없어 보인다. 그러나 보다 가혹한 도전은 외부에서 올 것으로 판단된다. 러시아의 우크라이나 침공으로 보다 가시화된 신냉전은 한국에게 가혹한 선택을 강요할 것이다. 새 대통령은 격랑 속의 국제 정세 속에서 한국이 과연 누구의 편에 서야 할지 결정해야 할 것이다.

물론 한미 동맹을 기축으로 서방 민주 진영에 설 것이라는 점은 의심의 여지가 없다. 그러나 이것을 정책으로 대내외에 천명하는 것과 실제로 이를 실천하는 것은 전혀 다른 문제다. 러시아에 대한 서방의 제재에 얼마나 충실하게 동참할 수 있는지? 이것이 한국의 경제에 큰 타격을 주더라도 아무 거리낌 없이 끝까지 따라 갈 수 있는지? 중국이 러시아 편에서서 서방과 대결하는 상황이 온다면 서방의 대중국 제재가 가능할 것이고 이 경우 한국은 최대 교역국인 중국과 관계 악화를 감내할 준비가 되어 있는지? 이런 모든 점을 고려해 외교를 수행해야 하는 차기 대통령에게 주어진 과제는 너무나 막중할 것이다.

군사 동맹을 제공하는 미국과 최대 경제 협력국인 중국이 서로 대체적으로 협력하던 지난 30년간은 한국에게는 축복 같은 시절이었다. 상대적으로 안정된 국제 정세 속에서 한국으로서는 안보와 경제의 두 마리를 다 잡는 실리를 취할 수 있었다. 러시아는 아직 소련 해체의 충격에서 벗어나지 못하고 전 세계의 대부분 국가가 자본주의 경제와 민주적인 정치 체제를 지향하는 가운데 한국의 외교는 냉전 시대의 고립에서 벗어나 그 지평을 넓히며 국제 사회에서 영향력을 확대시켜 왔다.

그러나 지난 몇 년 전부터 시작된 미,중 간의 갈등에 이어 최근 촉발된 우크라이나 사태는 갑자기 국제 정세를 차가운 얼음장 같은 신냉전으로 바꿔버렸다. 많은 나라가 이런 상황에서 어려움을 겪게 되겠지만 그 어떤 나라도 한국 같이 절박한 상황이 되지는 않을 것이다. 강대국 사이에서 줄타기를 하며 나름대로 실리를 챙겨오던 그런 녹록한 상황은 다시 돌아오기 어려울 것이다. 서방의 민주주의 체제와 러, 중 등 권위주의 체제 사이에서 확실한 선택을 해야만 하는 것이다.

이번 러시아의 우크라이나 침공은 이런 점을 분명히 했다. 독일 등 유럽의 많은 나라들이 그 동안은 권위주의적인 푸틴 대통령에도 불구하고 러시아와 안정적 관계를 유지해 왔다. 그러나 이번의 침공을 계기로 유럽의 모든 나라들이 하루 아침에 러시아에 등을 돌리고 미국이 주도한 제재에 동참했다. 2차 대전의 원죄 때문에 타국의 군사 원조를 철저히 피했던 독일 마저도 대규모 군사 원조를 우크라이나에 제공했다. 대부분 유럽 국가가 스위프트 국제 결제 시스템에서 러시아를 축출시켜 경제적 타격을 입혔고 푸틴의 동조자들 개인에게도 제재를 가했다.

더욱 획기적인 것은 그 동안 중립을 표방해 오던 핀란드나 스웨덴이 우크라이나에 군사 지원을 했을 뿐 아니라 러시아의 위협에 대항해 북대서양조약기구 나토에 가입할 움직임을 보이고 있는 것이다. 여론조사에 따르면 핀란드에서는 국민의 53 퍼센트가 가입 찬성, 28 퍼센트가 반대하고 있고 스웨덴에서는 41 퍼센트가 찬성 35 퍼센트가 반대하고 있다. 이들 국가가 실제 나토에 바로 가입할 지는 아직 미지수이지만 확실한 것은 이제 더 이상 중립국으로 남기가 어려워 졌다는 것이다.

노무현 전 대통령은 한국이 미국과 중국 사이에서 균형자 역할을 할 수 있다는 신안보 정책을 피력한 바 있다. 그 당시로서는 전혀 불가능하지는 않아 보였다. 냉전의 기억은 잊혀져 가고 바야흐로 전 세계는 개방과 협력의 시대를 맞고 있었다. 더 이상 물리력으로 타국을 침공하고 주권을 침해하기는 쉽지 않은 듯 보였다. 군사 충돌은 보스니아나 아프리카에서 보듯이 주로 내전과 인종 갈등에 기인하는 듯 했다.

그러나 이제 상황은 크게 바뀌었다. 힘 없는 나라는 강대국의 탐욕에 제물이 될 수도 있는 현실이다. 자유주의가 쇠퇴하고 현실주의가 다시 부상하는 이 시점에서 억지력이 없으면 생존이 어렵고 동맹을 통해 힘의 균형을 추구해야 하는 상황이다. 한국에게도 동맹이 그 어느 때보다 중요한 시점이다. 미국과의 동맹은 말할 것도 없고 그 외 우방국과의 동맹이 더욱 절실해졌다. 중국을 견제하기 위한 미국, 일본, 호주, 인도의 쿼드 시스템에도 직간접적으로 참여하여 우리의 동맹 체제를 강화하는 것이 필수적이다. 특히 일본과의 관계 개선이 시급하다.

지금의 신냉전과 과거 냉전간의 차이를 한 가지 든다면 하드파워를 내세운 엄연한 현실주의 국제 정세 속에서도 소프트파워가 아직 유효하다는 것이다. 이번 우크라이나 사태에서 미국과 유럽의 국가들이 앞다투어 러시아에 대한 응징과 우크라이나 지원에 나선 것은 우크라이나 지도자와 국민들이 보여준 용기와 의지가 이들 서방 국가 국민들의 마음을 움직였기 때문이다. 이들 서방 국민들이 우크라이나 국민들을 성원하는 가운데 서방 정부들도 더욱 강력한 행동으로 나서게 된 것이다.

그런 점에서 한국으로서는 안보를 위해 동맹 및 우방 국가 국민들의 마음과 가슴을 얻는 것이 중요하다. 미국, 일본 등 해당 국가 정부를 우리 편으로 만드는 것도 중요하지만 그 나라 국민들이 한국을 진정으로 좋아하고 지지할 수 있게 해야 한다. 이것이 현대에서 날로 중요시되는 공공외교의 영역이다. 군사력 등 하드파워에 한계가 있는 한국으로서는 소프트파워를 키워 이를 보충해야 하는 것이다. 국제 정세의 높은 파고 속에 흔들리는 한국 외교를 위해서는 차기 대통령이 꼭 풀어야 할 숙제로 여겨진다.

아주경제 2022년 3월 9일

文정부의 씁쓸한 '국민외교' 성적표

윤석열 새 정부는 문재인 정부의 외교 정책을 실패로 규정하며 종전선언을 둘러싼 논란 등 대북 관련 정책과 한·미동맹 약화를 주된 이유로 들고 있다. 그러나 필자는 그보다 더욱 눈에 띄는 뼈 아픈 실패 사례를 들고 싶다. 바로 얼마 전 있었던 국제노동기구(ILO) 사무총장 선거에서 강경화 전 외교부 장관이 낙선한 건이다. 강 전 장관이 노동 관련 경험이 없기 때문에 처음부터 승산이 크지는 않았지만 단 두 표를 얻어서 3위에 그친 것은 예상 밖이고 사실 치욕적인 결과이다. 당선을 위해 한국 정부가 전방위적 외교 노력을 벌였기 때문에 더욱 참혹한 결과였다.

한국은 2년 전 세계무역기구 (WTO) 사무총장 선거에서도 비슷하게 고배를 마셨다. 정부의 전폭적인 지지를 업고 유명희 전 통상교섭본부장이 출마했지만 낙마하여 실망을 안겨 주었다. 또 작년에는 강경화 장관이 유엔여성기구(UN Women) 수장에 도전했다 실패했다. 사실 현 정부 5년 동안 한국은 국제 무대에서 이렇다 할 성과도 활약도 보여주지 못했고 존재감 없이 지내왔다. 과거 노무현 정부 당시 반기문 유엔 사무총장을 당선시켰던 것이나 시기는 다르지만 세계보건기구(WHO) 이종욱 사무총장, 국제형사재판소(ICC) 송상현 소장 등 국제기구 수장들을 배출했던 것에 비하면 초라하기 그지없다.

국제기구 수장 배출 여부로 외교의 성과를 평가할 수 없다면 다른 분야를 살펴보자. 5년 동안 한국이 개최하거나 주도한 국제적 회의나 포럼도 별로 기억나지 않는다. 2019년 부산에서 개최된 한국 아세안 정상회의 정도가 기억나지만 이는 우리 순서가 되었기 때문이지 특별한 경우는 아니었다. 과거 G20 정상회담이나 핵안보정상 회담같이 우리가 유치하고 주도한 국제적 행사는 별로 없었던 것이 사실이다. 많은 사람들이 지적하는 한·미동맹 약화, 최악의 한·일관계 등 문제점까지 고려할 때 지난 5년의 외교가 실패했던 것은 사실로 보인다.

무엇이 한국 외교를 이렇게 초라하게 만들었을까? 필자는 한 이유로 문재인 정부의 '국민 외교'를 들고 싶다. 이제는 별로 크게 언급되지 않지만 현 정부 임기 초반에 국민 외교는 모든 것을 집어 삼키는 화두였다. 전임 박근혜 정부에서 외교 정책, 특히 대일 정책이 국민들의 의견을 무시하고 강행되었다는 판단 하에 모든 외교 정책에서 국민들의 목소리를 듣겠다는 것이었다. 위안부 관련 일본과의 협의를 그 대표적인 문제 사례로 들었다.

물론 모든 정책에서 국민들의 의견을 듣는 것은 매우 중요하다. 그것이 민주주의의 근간이기 때문이다. 그러나 외교처럼 민감한 사안에서는 때로는 국민들의 목소리뿐 아니라 다른 여러 요소들을 고려해야 한다. 이성보다는 감성에 치우치기 쉬운 여론보다는 전문가의 엄밀하고 이성적인 판단도 고려해야 하고 무엇보다 장기적 관점에서 국익을 고려한 실용적 선택도 중요하다. 모든 것이 개방되고 투명한 오늘날 정보 사회에서도 보안이 요구되는 민감한 외교 문제가 있다는 것을 인식해야 한다.

한 가지 예로 2016년 미국 오바마 정부 임기 말 단행된 쿠바와의 외교 관계 수립을 들 수 있다. 오바마 행정부는 수십년간 지속되온 양국간 갈등과 반목을 해소하기 위해 이 협상을 추진하며 끝까지 비밀에 부쳐 성공을 거둔 바 있다. 현대 외교가 갈수록 국내 정치에 볼모로 잡혀 실패하는 사례가 늘어나는 가운데도 이 사례는 신선한 충격을 준다. 결국 외교는 대외적인 과정이고 정치는 대내적인 과정이기 때문에 병립하기 어려울 때가 많다. 이럴 때는 과감하게 외교와 정치를 분리하고 정치가 외교에 압력을 행사하는 것을 방지해야 한다.

문제는 어떻게 국민의 목소리도 들어가며 국익에 도움이 되도록 외교를 추구하는가 하는 점이다. 이것이 다음 달 출범하는 새 정부에게 요구되는 외교 정책의 근간이다. 국내 정치 논리에 함몰되지 않고 세계에 눈 돌려 큰 그림을 바탕으로 한 외교를 펼쳐야 한다. 그러기 위해서는 먼저 약화된 외교력을 복원해야 한다. 격화되는 미·중 갈등에 더해 러시아의 우크라이나 침공사태로 도래한 신냉전시대에 걸맞은 외교관이 필요하다. 이 상황에서 갈수록 중요해지는 한·미 동맹을 고려할 때 특히 미국통 외교관과 외교력 복원이 중요하다. 사실 한국 정부는 대미외교 탈피 및 외교 영역의 확대라는 명분으로 지난 몇 년간 꾸준히 미국통 외교관들을 천대한 바 있다.

대내보다 대외를 지향한 외교력 복원을 위해 또 한 가지 필요한 것은 갈수록 중요해지는 경제 안보에 맞는 기능의 확보이다. 미·중 간 무역과 기술 패권 전쟁에서 이제 경제는 안보에 필수적인 요소가 되고 있다. 한·미 동맹도 이제는 군사 분야에서 경제 안보 분야로 그 축을 옮겨가고 있다. 미국이 주요 기술 경제 분야에서 한국의 협력을 요구하고 있고 이것이 향후 한·미 관계의 큰 축이 될 것이다.

이와 관련 외교부의 통상 기능을 회복시켜 주는 것도 필요하다. 통상이 더 이상 국내 산업의 연장선상에서만 볼 수 없는 것이 변화된 오늘의 지정학적 현실이다. 얼마 전 우크라이나를 침공한 러시아에 대한 미국과 서방의 통상 관련 제재는 이 문제가 산업이나 경제를 넘어선 안보의 영역이라는 점을 명확히 보여준다. 9년 전 박근혜 정부가 통상 기능을 외교부에서 지금의 산업통상자원부로 이관할 때는 이러한 지정학적 고려가 그다지 중요하지 않은 '태평성대 세계화시대'였다. 그러나 이제 세계가 분절화되고 불확실성이 커지는 이 시기에는 지정학적 고려가 필수적이다.

아주경제 2022년 4월 6일

시진핑과 푸틴의 자기 확증 편향 오류

민주사회에서 흔히 나타나는 극심한 분열과 갈등을 보다 보면 때로는 권위주의의 장점을 주시하게 한다. 일사불란한 통제 속에 확립되는 사회 안정과 질서가 더 매력적으로 보이기도 한다. 몇 년 전 트럼프 대통령 시절 미국 사회가 인종 및 이념 갈등으로 극렬하게 분열되고 거리와 의사당에서 폭력이 난무할 때 특히 그런 느낌이 들었다. 사실 그 당시 중국 정부는 미국 및 서방의 무질서한 혼란 상황을 들며 자신들 권위주의 체제의 우월성을 자랑하기도 했다.

그러나 과연 그럴까? 최근 러시아와 중국에서 벌어지는 상황을 보면 그렇지 않다는 점이 자명해 진다. 결국은 무질서하고 혼란스러워 보이는 서방 민주 체제가 질서정연하고 안정되어 보이는 권위주의 체제보다 우위에 있다는 것을 느끼게 된다. 단기적으로는 권위주의가 우월한 것 같아도 장기적으로 보면 그렇지 않다는 것을 러시아의 우크라이나 침공과 중국의 제로 코로나바이러스 정책에서 발견하게 된다.

먼저 러시아의 경우를 보자. 푸틴 대통령은 이웃 우크라이나를 침공하며 신속한 승리를 기대했다. 우크라이나에 비해 몇 배나 더 막강한 러시아의 군사력과 경제력을 바탕으로 며칠 아니면 몇 주 이내에 전쟁을 이길 것으로 예상했다. 그러나 개전 두 달이 지난 지금 상황은 전혀 다르다. 우크라이나의 강력한 저항과 미국을 비롯한 서방의 전폭적인 군사적 지원 때문에 러시아는 예상 밖으로 고전하고 있는 중이다. 많은 수의 병력 손실을 입었고 서방의 제재 조치 때문에 경제적으로도 큰 타격을 입고 있다. 최종 승리를 얻는다 하더라도 이는 상처뿐인 영광이 될 가능성이 높다.

이런 상황의 배경에는 역시 러시아의 권위주의 체제가 있다. 한 지도자의 잘못 된 판단에 대해 이를 견제하고 통제할 수 있는 제도와 장치가 없는 것을 큰 이유로 들 수 있다. 푸틴의 주변 참모들이나 군부 지도자들이 전쟁 상황에 대해 올바로 조언해 주지 않는다면 푸틴은 끝까지 자신의 오류를 인식하지 못한다. 설사 올바른 조언이 있다 해도 이것이 제도적으로 확립되어 있지 않다면 지도자는 얼마든지 이를 무시할 수 있다. 더군다나 이러한 지도자가 20년 가까이 권좌에 있었다면 이를 견제할 수 있는 장치는 어디에도 없을 것이다.

중국의 경우도 비슷한 상황이다. 시진핑 주석은 팬더믹 초기 철저한 봉쇄 정책을 통해 나름대로 성과를 거두었다. 미국과 서방이 엄청난 희생을 겪는 동안 중국은 최소한의 희생만을 겪었다. 이로 인해 씨 주석은 자신의 제로 코로나 정책에 대해 무한한 확신을 하게 되었다. 즉 자기 확증 편향이다. 단지 몇 건의 확진이 나오더라도 도시 전체를 봉쇄하고 모든 주민에게 검사와 격리를 강제하는 것이 최선의 정책이라는 믿음을 철저하게 신봉하고 있는 듯 하다.

그 결과 현재 상해 등 대도시는 전례 없는 봉쇄와 통제하에 놓여 있고 시민들은 생필품 부족 등 극심한 어려움에 직면하고 있다. 공급망은 붕괴되고 있고 이는 중국 경제를 심각하게 위협하고 있다. 미국, 유럽을 비롯한 많은 나라들이 서서히 팬더믹의 공포에서 벗어나고 있는 것과는 대조적이다. 한 지도자의 맹목적인 자기 확신이 중국이라는 거대한 나라에 큰 피해를 주고 있지만 역시 이를 견제할 제도나 장치는 없는 실정이다. 권위주의 하 지도자의 엄청난 권력 때문에 주변에서 이를 말릴 수도 없는 형국이다.

중국과 러시아에서 일어나는 현재 사태를 살펴 보면 많은 공통점이 발견된다. 양국 모두 지도자가 장기 집권하고 있고 평생 집권을 도모하고 있다. 푸틴과 마찬가지로 씨 주석은 벌써 10년째 집권하고 있고 연임을 노리고 있다. 양국 모두 정치와 이념을 앞세우는 카리스마적 지도자가 다스린다. 모든 분야를 장악한 이들 지도자 앞에 군사 전문가나 방역 전문가들의 목소리는 거의 들리지 않는다. 교조적이고 수직적인 통치 체제 하에서 비판은 허용되지 않고 견제를 위한 장치도 마련되어 있지 않다.

반면 민주 사회에서는 이러한 견제와 비판의 제도와 장치가 마련되어 있어서 극심한 위기를 겪다가도 결국은 회복할 수 있는 복원력이 작동한다. 미국의 경우 트럼프 행정부 4년 동안 극렬한 사회 갈등을 겪었고 이는 아직도 치유되고 있지 않지만 미국 사회를 파괴할 정도로 심각하게 발전하지는 않는다. 4년 혹은 5년마다 반복되는 선거라는 제도는 한 지도자의 맹점과 오류를 바로 잡을 수 있는 좋은 기회가 된다. 설사 그것이 지난 4년 혹은 5년간 전임 정부의 정책을 폐기하고 실적을 폄훼하는 낭비가 있다 하더라도 결국에는 더 많은 이익을 안겨준다.

그런 점에서 새로 출범하는 한국의 윤석렬 정부는 민주사회에서 흔히 보여주는 단절과 낭비 그리고 무질서에서 자유롭지 않을 것이다. 전임 정부의 실정을 들춰내고 비판하는 와중에서 성공적인 정책까지도 폄훼하고 폐기할 수도 있을 것이다. 특히 이번처럼 정권이 완전히 바뀐 상태에서는 더욱 그러하다. 그러나 이것이 민주주의의 어쩔 수 없는 속성이다. 선거로 지난 정권이 패배했을 때에는 어딘가에 문제점이 있었다는 반증이고 이는 바로 잡아야 할 사항이다. 특히 한국 같이 대통령의 권한이 집중되어 있는 상황에서는 한 지도자의 자기 확증 편향성 오류가 정권 교체를 통해서 시정되어야 한다. 그렇지 않다면 우리는 중국, 러시아, 혹은 북한에서 사는 것과 크게 다르지 않을 것이다.

아주경제 2022년 5월 3일

경제 안보 시대, 기업인 홀대하는 한국

삼성 그룹의 이재용 부회장이나 현대자동차의 정의선 회장은 군복 입고 총을 쏘는 군인은 분명 아니다. 그러나 이들은 한국의 어느 장병 못지않게 국가의 안보를 책임지고 있다. 이 점은 지난달 미국 바이든 대통령이 한국을 방문했을 때 절실하게 실감할 수 있었다. 바이든 대통령은 그의 방한 첫 일정을 평택의 삼성전자 공장에서 시작했고 현대자동차와의 만남으로 마지막 일정을 마무리 지었다. 한국의 안보에 필수적인 동맹국 미국의 지도자가 전하는 메시지는 명확했다. 즉 경제가 안보이고 안보가 경제라는 얘기다.

바이든 대통령의 이러한 행보는 물론 국내 정치적 타산에 기인한다. 중요한 중간선거를 앞두고 고물가 등으로 인해 날로 추락하는 자신의 인기를 만회하기 위해서는 삼성이나 현대의 대규모 미국 투자가 절실하다. 이를 통해 일자리를 확보하고 지역 경제를 활성화시켜 선거에 도움을 얻겠다는 것이 그의 계산이었을 것이다. 그러나 그 이면에는 초강대국 미국의 지도자도 움직일 수 있는 한국 기업의 위상이 눈에 띈다. 미국 대통령에게 한국의 대기업은 한국 정부 지도자 이상의 중요성을 갖는다.

신냉전 시대를 맞아 날로 중요시되는 경제 안보의 차원에서 봐도 이는 당연한 현상이다. 미국과 중국이 경제 및 기술 패권을 위해 대결하는 가운데 신자유주의 시대의 세계 경제는 차츰 분절화되고 이는 한국 같은 수출 주도형 경제에 큰 도전이 된다. 혼란스러운 탈세계화의 와중에서 미국 역시 우방국을 중심으로 무역 체계 및 공급망을 새로 구축해야 할 과제가 있다. 러시아의 우크라이나 침공으로 인해 미국에게 나토 및 유럽 국가와 결속은 더욱 시급해졌다. 바이든 대통령이 도쿄에서 천명한 인도태평양 경제 프레임워크(IPEF) 역시 같은 배경을 안고 출범했다.

일본, 호주 등과 함께 한국이 이런 체제에 참여하게 된 것은 미국 등 다른 참가국들에게 한국의 기업과 기술이 그만큼 필요하기 때문이다. 중국, 러시아 등 권위주의 국가와 맞서는 민주주의 및 시장경제 국가 연합에 있어 한국의 협력은 필수적이다. 삼성, 현대, LG, SK 등 대기업이 보유한 반도체, 전기차 배터리, 5G 기술 등은 미국 등 주요 국가의 경제를 돌리는 데 필수적인 요소가 되었다. 그런 의미에서 한·미 동맹은 과거 안보 차원에서 이제는 경제, 기술 차원으로 급격히 진화하고 있다. 미국으로서는 경제, 기술의 이유만으로도 한국의 안보 및 방위에 기여해야 할 이유가 있는 것이다.

미국의 이러한 정책 방향을 확인할 수 있는 또 다른 사례는 대만이다. 중국이 대만 침공 위협을 계속하는 상황에서 바이든 대통령은 유사시 미국이 대만을 군사적으로 돕겠다는 의지를 최근 몇 차례 표명했다. 백악관의 일부 부인이 있었지만 그의 의도는 명확해 보인다. 이는 1979년 미·중 외교 수립 후 미국이 인정해 온 하나의 중국 원칙에 위배되는 것이고 그동안 미국 정부가 취해 온 전략적 모호성도 포기하는 것이다. 이 배경에는 역시 반도체 등 첨단 분야에서 대만의 협력이 미국에게는 꼭 필요하기 때문이다. 만일 대만에 TSMC 같은 세계적인 첨단 기업이 없었다면 대만의 안보는 지금보다 훨씬 더 불안해졌을 것이다. 러시아의 우크라이나 침공을 발판 삼아 중국은 대만 침공 위협을 더욱 노골화 했을 것이다.

급변하는 경제 안보 시대에 한국 기업은 밖에서 그만큼 중요해지고 환대받고 있지만 국내에서는 아직도 홀대받고 있는 상황이다. 재벌 및 대기업에 대한 규제는 쉽사리 풀리지 않고 기업인들은 아직도 따갑고 부정적인 시각에 시달리고 있다. 부도덕한 부패와 비리의 온상으로 지목받기도 한다. 물론 이는 한국 기업이 자초한 일이다. 오랜 기간 권력과 밀착하여 특혜를 통해 사업을 확장했고 그 과정에서 노동자를 탄압했고 환경오염 등 많은 사회적인 문제를 야기했다. 아직도 몇몇 대기업 및 기업 총수들은 이러한 문제로 인해 법과 여론의 심판을 받고 있다.

그러나 이런 점은 과거에 비해 많은 개선을 보이는 것도 사실이다. 윤리 경영을 실천하고 이익의 사회 환원에 힘쓰며 환경 문제 등의 해결에도 앞장 서는 소위 ESG 경영을 채택하는 기업도 늘고 있다. 그럼에도 아직 한국에는 반기업 정서가 강하고 특히 대기업을 보는 시각은 매우 부정적이다. 이는 어찌 보면 한국 문화가 오래 간직하고 있는 사농공상의 전통과도 관련이 있다. 재물을 얻기 위한 상업 행위 자체를 천시하는 정서가 아직도 사회 곳곳에 남아있다. 자본주의 체제를 채택하고 그 성과와 결실을 향유하고 있는 한국으로서는 의아한 일이 아닐 수 없다.

타계한 삼성 그룹 이건희 전 회장은 1995년 소위 북경 발언을 통해 한국 사회를 발칵 뒤집은 적이 있다. 한국 기업은 2류, 한국 정부는 3류, 한국 정치는 4류라는 충격적 발언을 통해 정치권의 미움을 한 몸에 산 적이 있다. 민주화와 개혁을 통해 지금 현재 한국 정부와 정치는 아마 3류, 4류를 충분히 벗어났을 것으로 판단된다. 한국 기업은 그보다 더욱 발전, 진화하여 이제 1류로 도약했다. 문제는 이를 아는 사람들이 한국 밖에서보다 한국 안에 훨씬 적다는 점이다.

아주경제 2022년 6월 3일

볼튼의 회고록에 드러난 한국 외교의 허상

얼마 전 출간된 미국의 전 국가안전보좌관(National Security Adviser) 존 볼턴의 회고록을 읽다 보면 섬뜩하게 놀랍기도 하고, 화가 나기도 하고, 때로는 무기력하게 느끼게 된다. 〈그 일이 발생했던 방(The Room Where It Happened)〉라는 제목의 이 책에서 볼턴은 트럼프 행정부의 외교 정책에서 자신의 역할을 설명하는데 상당 부분을 세 차례의 북·미 회담에 할애하고 있다. 여기서 그는 중재 역할을 자처했던 한국의 외교가 얼마나 서툴고 비현실적이었는지를 낯뜨겁게 보여준다. 트럼프 대통령과 김정은과의 회담 과정에서 한국의 존재감이 얼마나 미약했는가를 적나라하게 기술한다.

이 회고록 내용 일부는 이미 언론에 공개된 바가 있지만 한국과 관련된 상당 부분이 아직은 일반에게 알려지지 않았다. 트럼프 대통령이 이 책의 출간을 막기 위해 자료 공개 거부, 검열 위협 등 여러 가지 수단을 동원했던 것은 그만큼 새롭고 폭발적인 내용이 많았기 때문이다. 특히 북·미 회담과 이와 관련한 한국 정부의 역할은 우리에게 여러 가지 새로운 정보와 중요한 시사점을 안겨준다. 한국 외교의 한계가 무엇이고 이를 극복하기 위한 방안은 무엇인지 많은 것을 생각하게 한다.

책을 통해 되풀이되는 핵심적인 내용은 문재인 대통령이 자처한 북·미 간 중재의 역할이 애초부터 현실성이 없었다는 점이다. 트럼프 대통령과 김정은은 각자 철저하게 자신의 계산에 따라 행동했을 뿐 한국 정부 목소리에 귀를 기울이지 않았다. 양 지도자 모두 한국의 중재 역할을 크게 달가워하지 않았다. 문 대통령이 싱가포르 회담에 합세하기를 원했지만 반기지 않았고 북·미 간 판문점 회담 때도 마지못해 받아들였다. 한국이 중간에서 메신저 역할을 하며 양측의 의사를 전달했지만 이 과정에서 많은 오해와 왜곡이 생겼고 결국 회담은 파국으로 끝날 수밖에 없었다.

애초부터 미국 정부는 한국의 중재 의도가 "국내 정치적 이유"라고 보았다. 볼턴은 문 대통령이 "햇볕 정책이라는 환상"에 사로잡혀 "통일 의제"를 가지고 북·미 회담을 중재했다고 판단했다. 이는 미국의 목표인 북한 비핵화와는 거리가 먼 것으로 애초부터 잘못 끼워진 단추였다. 그는 한국이 "바보스러움"의 결과를 치를 것이라고 진단했다. 그런 의심 속에서 미국이 한국의 중재를 긍정적으로 바라보는 것은 불가능했다.

미국의 대표적인 강성 네오콘인 볼턴은 처음부터 북·미 회담에 회의적이었다. 독재자 김정은을 국제 외교 무대에 등장시키는 것은 미국에게 치명적 실수라 단정했다. 그러기에 완전하고, 검증 가능하며, 돌이킬 수 없는(complete, verifiable and irreversible) 핵 폐기가 없는 한 북한이 바라는 그 어느 것도 들어줄 수 없다는 강경한 태도였다. 그러기에 북한이 영변 핵 시설 해체의 대가로 유엔 제재 완화를 요구했을 때 이를 극렬하게 반대했다. 영변 해체 계획이 "의미있는 첫 단계"라는 문 대통령의 의견을 "정신분열적 생각"이라고 책에서 표현한다.

볼턴에 따르면 트럼프 대통령의 입장은 좀 복잡하다. 큰 틀에서 북한의 비핵화라는 외교 목적을 추구하지만 각론에 가서는 자신의 재선을 위해서 회담을 이용하고자 한다. "국제적인 결과"를 고려하지 않고 "언론에서의 한 건"을 노리는 "쇼"이자 "제스처"라고 폄하한다. 그러나 한국 정부의 거듭된 확약과는 달리 북한에 비핵화 의지가 없음을 깨닫고 결국은 하노이 회담에서 자리를 박차고 나온다. 그러나 그때마저도 언론을 의식한다. 스몰딜과 회담 파기 중 어떤 것이 더 언론의 조명을 받을지 사전에 보좌관의 의견을 묻기도 했다.

안타까운 것은 2019년 2월 하노이에서 회담이 결렬되는 그 순간까지도 한국 정부와 한국 국민들은 한반도의 운명을 바꾸는 빅딜이 탄생될 것으로 기대하고 꿈에 부풀었다는 사실이다. 국내 언론 및 분석가들은 이제 막 발표될 획기적 합의에 대해 성급한 낙관론을 펴며 향후 장밋빛 진단을 내놓았다. 한국 정부 및 언론은 온건파가 주도하는 국무성의 대북협상 소식에만 매달려 정작 매파가 주도하는 백악관의 실제 모습을 간과했던 것이다. 우리가 보고 싶은 것만 보고 나머지는 무시하는 일종의 확증편향이었다.

이 밖에도 볼턴 회고록은 자국 이익만을 중시하는 국제 사회의 냉엄한 현실을 여러 곳에서 보여준다. 예를 들어 볼턴은 북한의 핵 시설에 대한 선제 타격 의견을 거리낌 없이 제시한다. 한국이 입을 피해에 대한 언급은 없다. 트럼프는 한국에서 전쟁 가능성이 50 대 50이라고 보고 볼턴의 동의를 구하기도 한다.

트럼프는 또한 한국을 "부자"나라로 간주하며 미군 주둔 비용 인상을 줄기차게 요구한다. 연 10억 달러 수준의 한국 부담을 50억 달러로 하루아침에 올리기 위해 그는 미군 철수를 협박한다. 북한이 미사일을 발사하자 그 때문에 50억 달러 받기가 쉬워질 것이라고 참모들에게 단언한다. 문 대통령이 종전협정 등을 요구하면 반대 급부로 주둔 비용 인상을 언급한다. 겉으로는 피로 맺은 한·미 동맹의 중요성을 얘기하지만 결국 한국은 수천 마일 떨어진 타국에 지나지 않는다. 물론 이는 트럼프 특유의 동맹 경시 정책에 기인하고 현 바이든 행정부의 생각은 좀 다르겠지만 한국이 잊지 말아야 할 냉혹한 국제사회의 현실이다.

아주경제 2022년 7월 4일

뉴욕타임스의 자기혁신과 종이신문의 운명

얼마 전 미국 권위지 뉴욕타임스는 특이한 칼럼을 하루에 8개나 게재했다. 신문의 대표적인 칼럼니트스 8명이 과거 자신들 주장이 틀렸음을 인정하는 글이었다. 노벨 경제학상 수상자인 폴 크루그먼은 인플레이션이 없을 것이라던 자신의 의견이 실수였다고 밝혔고 퓰리처상 수상자인 토머스 프리드먼은 중국의 언론 통제가 완화되리라는 자신의 예측이 빗나갔음을 인정했다. 도널드 트럼프 대통령 지지자들을 과소평가했고 페이스북을 칭송했던 것도 과오였다는 칼럼도 있었다. 모두 용기 있는 자기반성이었다. 그리고 이런 파격적인 칼럼의 배경에는 끊임없는 자기반성과 혁신을 추구해온 뉴욕타임스의 정신이 작용했다고 볼 수 있다.

뉴욕타임스의 이러한 부단한 자기 혁신과 개혁은 엄청난 성과로 돌아왔다. 불과 10년 전에 100만부에도 못 미치던 구독 수가 지난 2월

1000만부를 돌파했다. 원래 목표를 3년이나 앞당겼다. 구독자 수는 그보다 약간 적어 910만명에 달했다. 앞으로 계획은 더 야심 차다. 2027년까지 구독자 수를 1500만명으로 늘릴 계획이다. 최고경영자인 메르디스 레비언은 전 세계 1억3500만명이 잠재적 구독자라고 밝힌다. "세계를 이해하고 관여하려는 모든 영어 사용자에게 필수적인" 신문이 되겠다는 포부를 펼쳤다.

구독 및 광고 수입의 끊임없는 감소로 고전하는 한국 신문들에는 꿈만 같은 얘기다. 종이신문의 몰락을 점치던 전문가들은 이해할 수 없는 수수께끼다. 역시 미국 유력지인 워싱턴포스트도 비슷한 성공을 거두고 있다는 점을 감안하면 더욱 그러하다. 워싱턴포스트 역시 아마존 창업자인 제프 베이조스가 2500만 달러를 들여 인수한 2013년 수십만 명에 불과하던 구독자 수가 현재 300만명을 넘고 있다. 2017년부터 3년 동안 무려 3배 증가했다.

많은 신문들이 경영난으로 문을 닫는 시점에 무엇이 이들에게 이렇게 엄청난 성공을 안겨주었을까? 두 신문사가 약간 차이는 있지만 기본적으로는 과감한 유료화 전환이다. 뉴욕타임스는 2011년 획기적인 디지털 전환을 선언하며 디지털 구독자에게 요금을 부과하기 시작했다. 매달 일정 수의 기사까지는 무료로 제공하지만 그 이후부터는 구독료를 요구했다. 전통적으로 의존하던 광고 시장은 구글이나 페이스북 등 디지털 플랫폼이 장악하는 가운데 이에 대한 의존을 줄이고 대신 구독 수입을 늘리기로 했다. 그 결과 2000년대 수입 중 25%에 불과하던 구독 수입을 현재 72%까지 늘리고 광고 수입은 67%에서 17%로 줄였다. 종이신문 구독자가 현재도 80만명에 지나지 않아 구독 수입 대부분은 디지털 구독자에게서 나온다.

대부분의 온라인 정보가 무료인 가운데 유료화를 요구하는 것은 매우 위험했으나 이 신문은 콘텐츠의 질을 획기적으로 향상시켜 이를 극복했다. 많은 신문사가 기자들을 해고할 때 오히려 인원을 늘렸다. 특히 폴리티코(Politico)나 버즈피드(BuzzFeed) 같은 온라인 매체의 인재들을 고액 연봉을 주고 영입했다. 지명도가 높은 칼럼니스트도 늘려 이들의 개인 브랜드를 십분 이용했다. 10년 전 1000여 명이었던 편집국 인원수를 두 배 이상으로 늘렸다.

이러한 투자를 위해서는 많은 자금이 필요했고 이를 위해 비핵심 자산들을 모두 매각했다. 본사 건물도 매각하고 임차를 택했다. 그다음은 콘텐츠 다양화를 꾀했다. 낱말 풀기 퍼즐 등 게임 콘텐츠와 요리 콘텐츠 및 멀티미디어 서비스를 강화했다. 해외 뉴스 지국을 확장해서 국제 뉴스를 대폭 늘렸고 이를 통해 많은 해외 구독자를 유치했다.

이들 신문에는 또한 운도 따랐다. 2016년 보수적인 트럼프 대통령이 당선되자 상대적으로 진보적인 이들 신문은 강경한 어조로 그의 정책을 비판하여 역시 진보적인 독자들에게 호응을 얻었다. 트럼프 대통령의 파격적인 언행과 전통 언론에 대한 공격적인 태도 역시 독자들 관심을 끌기에 충분했다. 특히 워싱턴포스트는 트럼프와 날카로운 대립각을 세우면서 그의 취임 후 3년 만에 구독자 수를 세 배로 늘렸다. 민주주의는 어둠 속에서 사라진다(Democracy Dies in Darkness)라는 새로운 슬로건을 통해 트럼프의 비민주적인 행태를 공격했다. 코로나 바이러스 팬데믹 출현 역시 도움이 되었다. 많은 독자들이 이에 관한 새로운 정보를 얻고자 열심히 구독했다.

또한 이들 신문은 디지털 기술에 과감한 투자를 했다. 광고 부문 인력을 줄이는 대신 엔지니어나 소프트웨어 개발자 등을 대거 채용했다. 특히 워싱턴포스트는 여기에 전력 질주했는데 이는 베이조스가 가장 관심을 가졌던 부분이다. 아마존에서 개발된 디지털 기술들을 이 신문에 적용했고 소위 데이터 주도(data-driven) 뉴스룸을 만드는 데 공을 들였다. 모바일 구독자들이 보다 빨리 기사를 업로드하고 오프라인 상태에서도 이를 읽을 수 있도록 소프트웨어를 개발했다. 정도는 약하지만 뉴욕타임스도 디지털 기술 개발에 역점을 두었다.

이러한 조치들을 통해 이들 두 신문은 뉴스 제작·배포 형태를 획기적으로 바꾸었다. 디지털 환경에 맞게 24시간 뉴스 공급을 도모했고 이를 위해 미국에 집중되어 있던 편집 기능을 전 세계로 분산했다. 뉴욕타임스는 현재 뉴욕, 런던, 서울을 전 세계 3대 뉴스 허브로 운영하고 있다. 즉, 각 도시의 일과 시간 중에 전 세계 뉴스를 담당하고 있다. 뉴욕과 런던의 밤 시간에는 서울이 전 세계 뉴스의 중심 허브가 된다. 이를 위해 현재 서울에만 40명 이상의 에디터를 고용하고 있다. 워싱턴포스트 역시 비슷한 체제를 유지하고 있다.

이와 같은 획기적인 변화와 이에 따른 성공은 역시 미국 신문사들이기 때문에 가능한 것이다. 기본적으로 영어라는 언어를 통해 전 세계

독자들을 상대할 수 있기 때문이다. 극히 제한된 여건과 환경 속에 있는 한국 신문사가 따라 하기에는 불가능한 현실이다. 특히 애초부터 네이버 등 포털이 뉴스 시장을 지배하는 구조에서는 더욱 어렵다.

그러나 환경만을 탓할 수는 없다. 불과 10여 년 전 이들 신문 역시 앞날이 암담했다. 부채는 눈덩이처럼 불고 있었고 만성 적자 속에 새로운 돌파구는 보이지 않았다. 종말이 눈앞에 있는 듯했다. 그러나 끊임없는 자기 혁신, 그리고 디지털 환경에 맞는 기술 개발은 이들의 운명을 바꾸어 놓았다. 한국의 뛰어난 디지털 환경은 한국 신문에도 좋은 기회가 될 수 있다. 기술 혁신을 통해 변화하는 독자의 요구에 부응할 수 있을 것이다. 한국 사회가 정파와 이념으로 갈려 혼란 속에 있는 것도 오히려 도움이 될 수 있다. 트럼프 대통령 시절 두 신문이 정권에 대해 부단한 비판과 저항을 통해 영향력을 키웠듯이 정론을 고집하고 원칙을 고수한다면 한국 신문들도 독자들의 신뢰를 다시 얻을 수도 있을 것이다. 종이신문의 종말을 고하기에는 아직 이른 시점이다.

아주경제 2022년 8월 4일

한류가 공공외교의 첫 단추가 돼야 하는 이유

BTS와 블랙핑크가 세계를 평정하고 '오징어게임'과 '기생충'이 세계인을 매료시키는 이 시점에서 과연 한류는 어디쯤에 와 있고 어디로 가야 하는지 한번 생각해 볼 때다. 한국의 대중음악, 드라마, 영화 등 문화 상품은 이제 세계 정상급이 되어 한국을 매력적인 국가로 만들었고 외국인들이 한국을 사랑하도록 만들었다. 한국의 위상이 강화되었고 국가 이미지와 브랜드가 획기적으로 개선되었다. 여기에 더해 한류의 인기는 한국 상품의 해외 경쟁력을 높여주고 있고 그로 인해 한국 경제에 큰 도움을 주고 있다. 국가 브랜드 개선이 가져다 주는 대표적인 세 가지 혜택, 즉 수출 증대, 관광객 증가, 그리고 외국인 투자 확대 모든 면에서 큰 효과가 있다.

폭발적인 한류의 인기가 국익에 상업적으로 도움을 주는 것은 바람직하지만 과연 한류의 파급 효과가 여기서 끝나야 할까? 이제쯤은 그 다음 단계를 생각해 봐야 하지 않을까? 그런 면에서 필자는 한류를 통해 외교적인 국익을 추구하는 것을 다음 목표로 상정한다. 다시 말해 공공외교의 수단으로 한류 및 한국 문화를 이용하는 것이다. 이 점은 한국 정부가 가지고 있는 공공외교 청사진에 이미 명확히 밝혀져 있다. 외교부의 공공외교 기본계획은 크게 세 가지 단계로 나뉘어 있는데 즉 문화, 지식, 정책이다. 문화를 바탕으로 외국인의 사랑을 이끌어 내고 다음 그들에게 한국에 관한 지식을 전파하고 마지막으로 그들이 한국의 정책, 특히 외교정책을 지지하도록 한다는 계획이다.

이와 같이 한류를 단계적으로 발전 승화 시켜야 하는 이유는 무엇일까? 그것은 문화 현상이 영속적일 수 없기 때문이다. 사람들의 기호는 변하고 이로 인해 한 문화의 인기는 부침을 거듭한다. 과거 프랑스나 홍콩의 영화, 일본의 팝 음악이 인기를 끌다가 시들어 버린 점을 예로 들 수 있다. 한류 역시 어느 시점에는 인기가 사라지고 쇠퇴할 가능성이 있다. 지금의 BTS 팬들이 나이를 먹으면 다른 문화로 옮겨가게 될 것이고 그때 새로운 젊은 세대가 똑같은 열정으로 이 아이돌을 사랑하게 될까?

여기에 대해 우려를 가질 수밖에 없는 이유는 세계의 문화 지평이 강대국, 특히 미국에 유리하도록 형성되어 있기 때문이다. 할리우드로부터 하버드라는 말이 설명하듯 미국의 문화는 대중 문화부터 고급 문화에 이르기 까지 모든 분야에서 막강한 지배력을 행사한다. 특히 한국이 역점을 두는 대중 문화에서는 독보적이다. 드라마, 영화, 음악, 정보, 뉴스, 게임 등 모든 문화 콘텐츠를 아우르는 초대형 미디어 기업은 대부분 미국에 있다. 인베스토피디아(Investopedia)라는 조사 기관에 따르면 세계 10대 미디어 기업 중 여덟 개의 본사가 미국에 있고 한 곳은 일본, 한 곳은 캐나다에 있다.

이들의 면면을 살펴보면 한국은 초라하게 느껴진다. 1위인 애플은 모두가 알고 있는 세계 최대 IT 기업이지만 최근에는 드라마, 게임 등 문화 콘텐츠 투자에 열을 올리고 있다. 아이폰을 통해 시너지 효과를 거둘 수 있어 엄청난 파괴력이 예상된다. 2위 디즈니는 마블, 픽사, 스타워즈, 20세기 영화사 등을 거느리고 있어 역시 무시할 수 없다. 3위는 해리포터, 유니버셜 스튜디오 등이 포진한 컴캐스트(Comcast), 4위는 OTT의 최강자 넷플릭스(Netflix), 5위는 CNN, HBO, 디스커버리(Discovery) 등 채널을 보유한 워너브러더스(Warner Brothers)이다. 이 밖에 특기할 만한 회사로 컬럼비아(Columbia) 영화사를 자회사로 둔 일본의 소니는 6위, 영국의 뉴스 제국인 로이터(Reuters)를 소유한 캐나다의 톰슨 로이터(Thomson Reuters)는 8위이다. 한국 기업은 당연히 없다.

한국의 문화 콘텐츠가 아무리 좋아도 이를 전 세계에 전해주는 플랫폼이 없으면 무용지물이다. 특히 플랫폼 기술이 하루가 다르게 발전하는 이 시점에는 더욱 그러하다. 그런 이유로 한국의 우수한 문화 콘텐츠가 외국의 플랫폼에 종속되는 경우가 많다. '오징어 게임'은 큰 성공을 거두었지만 지식 재산권과 판권이 넷플릭스에 있기 때문에 수익 창출에 한계가 있다. 결국 재주는 곰이 부리고 이익은 남이 챙겨가는 모습이다. 그런 의미에서 최근 또 다른 히트작 드라마 '이상한 변호사 우영우'는 판권을 넷플릭스에게 넘기지 않고 자체 보유해 향후 수익성을 기대할 수 있게 되었다. 한국 문화 콘텐츠 최강자인 CJ 그룹이 최근 미국의 파라마운트사와 손잡은 것도 이러한 필요성에 따른 것이었다.

그러나 문화 콘텐츠 산업이 거대한 미국 상업 자본의 지배를 받는 상황에서 한국 대중 문화의 한계는 어쩔 수 없는 현실이다. 한류는 미국 주도 글로벌 문화 시장에서 몇 안되는 성공 사례로 꼽힌다. 그 외 사례로는 인도와 나이지리아의 영화 산업인 발리우드(Bollywood)와 날리우드(Nollywood) 정도가 유일하다. 영국 웨스트민스터 대학의 미디어 학자인 다야 서수(Daya Thussu)는 문화가 이렇게 주변에서 중심으로 흘러가는 현상을 역주행(Counterflow)이라고 부르며 이것이 얼마나 어려운지를 설명한다. 이것은 단지 예외일 뿐 정상은 아니라는 얘기이다.

그런 의미에서 한류의 지속가능성(sustainability)을 확보하는 것은 매우 중요하다. 앞서 언급했듯 한국 문화를 통해 한국에 관심을 갖게 만들고 그 다음 한국어를 배우고 한국 역사와 문화를 공부해서 한국에 대한 지식을 쌓도록 만들고 마지막 단계로 한국의 외교 정책을 지지하도록 유도해야 하는 것이다. 이것이 한류를 공공 외교의 한 분야로 이용해야 하는 이유다. 그러기 위해서는 좀 더 전략적이고 장기적인 접근이 필요하다. 지금 한국 문화에 빠져 있는 외국 젊은이들이 중장년기를 맞아도 여전히 한국을 사랑하고 지지할 수 있도록 하는 방안이 필요한 시점이다.

아주경제 2022년 9월 5일

국가 이미지 만드는 정치 지도자의 덕목

윤석열 대통령의 최근 해외 방문 후 불거진 소위 외교 실패 논란이 끝도 없이 이어지고 있어 국력을 갉아먹는 형국이다. 여야의 대립은 극에 달해 모두 일전을 불사할 태세이고 이 와중에 민생과 경제는 깊은 나락으로 떨어지는 느낌이다. 최근 폭락하는 원화 가치와 주식시장, 그리고 고물가까지 덮치면서 일부는 제2의 외환위기를 걱정하는 수준이다. 사실 정쟁으로 맞붙은 여야의 모습은 1997년 외환위기 전 상황과 유사하다는 지적도 있다. 이 시점에서 과연 윤 대통령의 외교 실패 논란이 한국의 국익에 어떤 영향을 미칠지 생각해 볼 문제다.

핵심은 영국에서 엘리자베스 2세 여왕 조문 실패와 조 바이든 미국 대통령과 환담한 후 비속어 발언이 윤 대통령 개인과 한국 이미지에 어떤 영향을 주었는지 하는 문제다. 대통령 개인 이미지에 손상을 입힌

것은 명확해 보인다. 또 그로 인해 한국 이미지가 실추한 것도 부정하기 어렵다. 실제로 이것이 외교 실패 혹은 참사였는지 아닌지는 중요하지 않다. 결국 외부에서 어떻게 인식하느냐가 중요하다. 외부에서는 국내 언론의 논란을 대부분 그대로 받아들이기 때문이다.

이에 관한 외신 보도를 살펴보면 이는 잘 드러난다. 바이든 대통령과 환담한 후 윤 대통령이 미국 의회 혹은 한국 국회를 향해 발언했다는 비속어에 대해 영국 BBC는 이를 idiot, 즉 '바보 천치'라고 번역했다. 대다수 외신들이 같은 단어를 사용했다. 영국 로이터통신은 한 걸음 더 나아가 더 강한 bastard, 즉 (개)자식이라는 용어로 번역했다. 어떤 경우라도 한국 대통령의 언어가 정제되지 못하고 저속적이고 원색적이라는 점을 분명히 했다.

문제는 이러한 인식이 해외에서 기존에 갖고 있던 윤 대통령 이미지와 크게 다르지 않다는 점이다. 3월 대통령 선거와 5월 취임을 전후한 외신 보도를 보면 윤 대통령 이미지는 대개 정치적 경험이 일천한 투박한 보수주의자의 모습이다. 특히 20대 남성들에게 지지를 얻기 위해 남녀 간 갈등을 마다하지 않는 반페미니스트의 모습으로 각인되었다. 그로 인해 일부 외신은 그를 트럼프 전 미국 대통령과 비교하기까지 했다. 미국 시사지 타임은 그를 '포퓰리스트'로 묘사했다.

해외에서 윤 대통령에게 긍정적인 이미지가 없는 것은 아니다. 28년 동안 부정부패 척결을 위해 싸운 검사의 모습도 부각한다. 특히 갖은 압력에도 불구하고 원칙을 굽히지 않고 임명권자 측근의 부패를 파헤친 점은 높이 평가한다. 또한 전임 문재인 대통령이 남북 문제에만 매달렸던 데 반해 미국과 동맹을 강화하고 일본과 관계를 개선하려는 '국제주의자'라는 점도 강조한다. 그러나 이러한 긍정적 평가는 부수적이고 대부분 앞의 부정적 이미지에 묻혀 실종되고 만다.

이러한 부정적 평가는 정치 경험이 짧고 막판에 선거에 뛰어든 관계로 윤 대통령이 대외 이미지를 구축할 시간적 여유가 없었기 때문이기도 하다. 반면 전임 문 대통령은 오랜 정치 생활을 통해 충분히 자기 이미지를 구축해 온 바 있다. 취임식에 맞춰 발간된 타임지 표지 기사에서 그는 협상가(negotiator)로 묘사되는데 이는 문 대통령 측근들의 오랜 이미지 구축 작업에 따른 결과다. 실제로 문 대통령은 협상을 통해 남북한 및 북·미 대화를 성사시켜 이러한 이미지가 타당하다는 점을 보였다.

그러나 북·미 대화가 실패로 끝나고 남북 대화가 단절된 현시점에서 문 대통령의 그런 이미지는 크게 퇴색했다. 마찬가지로 윤 대통령 이미지 역시 노력 여하에 따라서는 바뀔 수 있다. 이와 관련해 최근의 한 연구는 의미 있는 결과를 보여준다. 소위 스필오버(spillover) 효과 때문에 정치 지도자의 이미지가 국가 이미지에 영향을 미치는 점은 이미 확인된 바 있지만 문제는 정치 지도자의 어떤 덕목이 국가 이미지에 영향을 미치느냐 하는 점이다.

이와 관련해 스위스 프리보그(Fribourg)대학의 다이아나 잉겐호프(Diana Ingenhoff)와 수잔 클라인(Susanne Klein) 교수는 정치 지도자의 덕목을 세 가지로 나누는데 사회적 인지(social cognitive) 차원인 성실성(integrity), 기능적인지(functional cognitive) 차원인 능력(competence), 그리고 감성적 표현(affective expressive) 차원인 카리스마(charisma)다. 연구 결과 무엇보다 지도자의 성실성 이미지가 가장 큰 영향을 미치고 그 다음이 능력(자질), 카리스마 순이다. 결국은 정치 지도자의 장기적 성실성이 한 나라의 이미지에 가장 큰 영향을 준다는 얘기다.

윤 대통령의 카리스마나 자질에 대해 해외의 평가가 인색한 것은 분명하다. 그러나 아직 임기 초반이기 때문에 성실성의 측면은 평가가 유보된 상태로 보인다. 결국은 앞서 윤 대통령의 긍정적 요소로 부각된 부패 척결이나 자유 민주주의를 위한 국제 협력 분야에서 성실성을 바탕으로 한 성과를 보인다면 그의 이미지, 아울러 한국의 이미지 역시 개선될 소지가 있는 것이다.

취임 초 워싱턴포스트와 인터뷰하면서 윤 대통령은 링컨 대통령을 존경한다고 밝힌 바 있다. 링컨 대통령은 재임 시 남북전쟁을 치르며 많은 정적을 만들었고 결국 암살되고 만다. 그러나 사후에는 연방제 확립 등 그가 이룬 성과로 인해 가장 사랑받는 미국 대통령 중 한 명이 되었다. 링컨 대통령처럼 윤 대통령이 초기의 난관을 극복하고 결국에는 성공한 대통령이 될지 지켜볼 일이다.

아주경제 2022년 10월 6일

극명하게 둘로 갈라진 미국… 퇴보하는 민주주의

극단적인 지역주의, 이념 갈등, 금권선거, 그리고 보스정치. 언뜻 보면 과거와 현재의 한국 정치를 표현하는 단어들이다. 그런데 사실 이 단어들은 오늘의 미국 정치를 더욱 잘 대변한다. 이 점이 이번 화요일에 있었던 미국의 중간 선거에서 여실히 드러났다. 푸른색의 민주당 지역에서는 여지없이 민주당 후보가 당선되었고, 붉은색의 공화당 지역에서는 공화당 후보가 당선되었다. 미국인들은 낙태, 이민, 인종 등 첨예하게 갈라진 이념과 이슈에 따라 표를 던졌다. 펜실베이니아 등 승패를 가를 수 있는 몇 안 되는 중립 지대에 수백 억 달러에 달하는 선거 자금이 살포되었다. 그리고 도널드 트럼프 전 대통령은 막후에서 자신의 입맛에 맞는 후보들을 공화당 후보로 밀어붙여 보스로서 킹 메이커 역할을 했다. 모두 민주주의의 모범국이라는 미국의 위상에 맞지 않는 퇴행적인 모습이다.

그 결과 미국 중간 선거는 철저하게 둘로 갈라진 미국의 모습을 다시 한번 보여주었다. 대개의 중간 선거가 대통령이 속한 당에 패배를 안겨 주지만 이번에는 양상이 달랐다. 정파성이 극에 달한 선거 분위기에서 많은 민주당 지지자들이 투표장에 나왔고 이에 따라 민주당이 예상보다 선전한 것이다. 공화당이 하원의 다수당 위치를 되찾을 것으로 예상되지만 양당 간 의석수 차이는 크지 않을 것으로 관측된다. 최종 선거 결과가 나오려면 며칠이 더 걸릴 수 있는데 공화당은 435석 하원에서 10석 정도 우위에 그칠 것으로 예상된다. 다수당이라 해도 입법 과정을 주도할 수 있는 절대적 우위는 아니다.

상원의 선거 결과는 더욱 치열하게 갈라져 있다. 100석의 상원 의석을 민주, 공화 양당이 50석씩 나눠 가질 가능성이 높다. 이는 선거 전과 같은 결과다. 한국 시간 목요일 현재는 민주당이 48석, 공화당이 49석을 차지하고 있지만 현재 추세라면 민주당은 애리조나, 공화당은 네바다주 의석을 추가로 차지할 가능성이 높고 그렇게 되면 마지막 남은 한 자리, 즉 조지아주 의석을 갖고 또 다른 경합을 할 가능성이 높다. 2년 전처럼 조지아주 어느 후보도 50퍼센트를 얻지 못해 한 달 후 결선 투표를 하게 되는 것이다. 2년 전처럼 민주당이 이기게 되면 정확히 50 대 50의 의석 분포가 되고 이 경우 카멀라 해리스 부통령이 캐스팅 보트권을 가지게 되어 민주당이 다수당이 되는 것이다.

최종 선거 결과를 보려면 몇 주 더 기다려야 하지만 분명한 것은 철저하게 양분된 미국 의회의 모습이다. 이 상황에서 바이든 대통령은 집권 후반 2년 동안 새롭고 야심찬 국정과제를 들고 나오기는 어렵다. 현상 유지를 하면서 지난 2년간 추진하던 과제를 마무리하는 정도에 그칠 것이다. 아직 잡힐 줄 모르는 인플레이션을 타개하기 위해 매진해야 할 것이고 여성의 낙태권을 제한하는 최근 연방 대법원 판결을 무력화시키기 위해 노력할 것이다. 그 밖에도 감세, 이민 문제 등 현안이 산적해 있지만 의회가 양분된 상황에서 바이든 대통령이 큰 성과를 얻기는 어려워 보인다.

대외 문제에 있어서도 큰 변화는 기대하기 어렵다. 트럼프 대통령이 시작한 중국과의 대결 구도는 정권이 바뀌어도 계속되고 있고 앞으로도 계속될 전망이다. 시진핑 주석의 세 번째 연임과 중국의 대만 무력 통일 위협 등으로 양국 관계에서 긴장이 계속되기 때문이다. 러시아에 맞서 싸우는 우크라이나에 대한 지원을 공화당이 축소하기를 원하지만 이 점에서도 큰 변화는 어렵고 전쟁의 진행 상황에 따라 정책이 연동될 전망이다. 한국 자동차 업계 등에 피해를 줄 인플레이션 감축안(IRA)은 한국에게 있어 중요한 사안이지만 여기서도 큰 변화를 기대하기는 어렵다. 국내 문제에 있어서는 철저하게 대립하는 민주, 공화 양당이지만 대외 정책에 있어서는 그 대립의 정도가 훨씬 약하기 때문이다.

중요한 것은 이렇듯 미국의 정치가 퇴보하고 미국 사회가 철저하게 분열되는 이유가 무엇이고 이것이 우리에게 주는 교훈이 무엇인가 하는 점이다. 사회 분열이 심화된 이유 중 하나로 전문가들은 왜곡되고 편중된 정보 유통을 들고 있다. 즉 미국인들은 자신의 이념과 신념과 맞아떨어지는 정보만을 원하고 쫓는다는 점이다. 이 점은 현대 어느 사회나 마찬가지지만 특히 미국에서는 표현과 언론의 자유라는 명분하에 부정확하고 왜곡된 정보들이 난무하고 시민들은 자신의 입맛에 맞으면 진위 여부와 상관없이 이를 맹신하기 때문이다. 소위 울림통 효과를 통해 자신이 듣고 싶은 얘기만 듣게 되고 이를 통해 자신의 의견이 더욱 확고해지는 확증 편향 현상이 발생한다.

이에 대한 책임은 전통 미디어와 소셜 미디어 모두에게 있다. 민주당을 지지하는 진보적 시민들은 CNN, 뉴욕타임스, 워싱턴포스트 등 진보 매체를 선호하고 공화당을 지지하는 보수인사들은 폭스뉴스, 월스트리트 저널 등 보수 매체를 선호한다. 이러한 성향은 소셜 미디어를 통해서 더욱 증폭된다. 특히 팔러, 브라이트바이트, 뉴스맥스 등 극우 보수 소셜 미디어를 통해 확산되는 음모론들은 모든 것을 불신하게 만든다. 합법적인 선거 결과를 불신하고, 코로나바이러스 백신 효과를 부정하고, 엄연한 희생자가 있는 대형 총기 사고를 정부의 조작으로 간주하는 등 결국은 작년 초 의회 난입 등 폭력적인 사태로까지 이끈다. 미국 대통령 선거가 2년이 지난 현재에도 많은 공화당 지지자들은 트럼프 대통령이 당선을 도둑맞았다고 굳게 믿고 있는 현실이다.

불행하게도 이러한 현상은 한국에서도 쉽게 발견된다. 진영 논리에 휩싸여 상대 진영을 공격하는 데 있어 악의적이고 근거 없는 거짓 정보들이 큰 역할을 한다. 광우병, 세월호, 이태원 참사 등 사회적으로 큰 사건과 이슈에 대해 이런 현상은 더욱 극심해진다. 사실의 진위 확인 없이 출처도 불분명한 정보를 맹신하고 이에 따라 행동한다. 여기에는 역시 전통 매체나 인터넷 매체 모두에게 책임이 있다. 독자와 시청자들을 늘리고 계속 붙들어 놓으려는 의도로 확인되지 않은 정보나 선정적인 정보를 거리낌 없이 보도하는 사례가 비일비재하다. 이에 따라 한국 사회는 더욱 갈라지고 민주주의는 퇴보하게 된다. 이 점에서 오늘 한국의 모습은 미국의 모습과 매우 유사하다. 한국이 처음 민주주의를 미국으로부터 도입할 때 의도했던 바는 분명 아니다.

아주경제 2022년 11월 10일

'민간외교관' 될 청년 해외 봉사단 키우자

지난달 말 백범 김구 선생 기념 사업회는 경찰청과 함께 전 주한 미국 대사 캐슬린 스티븐스를 제1회 백범상 공동 수상자로 선정 시상했다. 경찰청은 초대 경무국장을 지낸 김구 선생을 기리는 사업을 수행했고, 스티븐스 대사는 미국 사회에 백범의 사상과 업적을 알리는 공헌을 했기 때문이었다. 대사는 특히 김구 선생의 자서전 〈백범일지〉 내용을 미국 여론 지도층에 소개해 대한민국 건국 초기부터 발현된 우리의 민주의식을 널리 알린 공헌을 인정받았다. '심은경'이라는 한국 이름을 갖고 있으며 한국어를 유창하게 구사하고 한국의 문화와 역사를 사랑하며 대사 시절 자전거를 타고 한국 전역을 누비며 한국인과 소통한 스티븐스 대사의 한국 사랑이 다시 한번 인정받는 계기였다.

스티븐스 대사의 이러한 한국 사랑은 어떻게 생겨 났을까? 그 시작은 그녀가 대학을 갓 졸업해 21세이던 1975년으로 거슬러 올라 간다. 광활한 중서부 몬태나 시골에서 자란 그녀는 더 넓은 바깥 세상을 보기를 원했다. 또한 어려운 처지에 있는 사람들을 돕기를 원했다. 마침 이러한 바람을 채워줄 수 있는 기회가 있었으니 그것은 미국 정부가 운영하던 평화봉사단(Peace Corps)이었다. 1961년 젊은 케네디 대통령이 취임하면서 그는 '뉴 프런티어' 정신을 추구했고 이를 위해 개발도상국에 미국의 젊은이들을 보내 봉사활동을 하는 프로그램을 시작했다.

이 평화봉사단의 일원으로 스티븐스 대사는 그 당시 아직 저개발국이던 생소한 한국 땅에 처음 발을 딛고 그 후 2년 동안 충청남도 예산의 한 중학교에서 영어 교사로 재직했다. 풍요로운 미국 생활을 뒤로 하고 가난했던 한국의 시골 마을에서 생활하면서 그녀는 많은 불편과 어려움을 겪으면서도 한국과 한국인에 대한 깊은 애정을 키워나갔다. 경제적으로 낙후하고 정치적으로 암담하던 한국이었지만 스티븐스 대사는 한국의 미래에 대해 낙관하며 한국의 발전을 응원했다.

78년 외교관 시험에 합격한 후 83년 대사관 정무관으로 한국에 다시 오게 된 스티븐스 대사는 당시 확산되던 한국의 민주화 운동을 응원했고 2000년대 초 국무부 동아시아 태평양 수석 부차관보 시절에는 북한 핵문제 해결과 한반도 평화를 위해 노력했다. 2008년 한국의 대사로 부임하면서 그녀는 정치적, 경제적으로 놀랍게 발전된 한국의 모습에 감명을 받았고 자신이 20대 시절 가졌던 한국에 대한 희망이 틀리지 않았음을 확인했다. 3년간 대사 재직 기간에는 성숙하게 변화한 한·미 관계의 틀에서 양국 간의 협력과 우애를 확산하기 위한 가교 역할을 자처했다. 한국 사회 구석구석을 파고들며 소통하고자 했고 양국 국민 간 이해를 넓히는 공공외교에 주력했다.

스티븐스 대사의 경우는 미국 정부가 공공외교의 대표적 사업으로 60여 년간 진행해온 평화봉사단의 긍정적 역할을 단적으로 보여주는 사례이다. 정부 간 뿐 아니라 국민들 간 소통을 통해 국가 간 관계를 증진시키는 공공외교에서 해외 파견 봉사단의 역할은 막중하다. 미국은 61년부터 140여 개의 개발도상국에 24만명에 달하는 봉사단원을 파견하였는데 이들은 민간 외교관으로 파견 국가 국민들이 미국을 사랑하게 하는데 원동력이 되었다. 특히 소련과 이념 대치가 한창이던 냉전 기간 동안 아프리카, 아시아 많은 저개발 지역 국가들이 소련의 선전과 유혹에 넘어가지 않고 미국의 영향권에 남게 하는 데 많은 도움을 주었다.

또한 이들 중 많은 인사들은 봉사단 임무가 끝난 후 귀국해 미국 사회 각계 각층에서 지도층 인사가 되었는데 젊은 시절 봉사단원으로 키운 꿈을 바탕으로 정치인, 외교관, 기업인은 물론, 저명한 학자, 사회운동가가 되었다. 그리고 이들은 후에 미국과 자신이 파견되었던 국가 간의 협력을 위해 많은 역할을 했다. 한국 출신 중에는 시카고 대학의 브루스 커밍스 교수, 하버드 대학의 데이비드 매켄 전 교수 등이 있는데 이들은 미국 학계에서 한국의 역사, 문학 등 한국학 확산에 공헌을 했다. 한국에 정착했던 고 피터 바돌로뮤씨는 한옥 지킴이를 자처하며 한국 문화를 보존하고 해외에 알리는 데 앞장섰다.

미국 평화봉사단의 이러한 공공외교 활동이 미국의 해외 이미지를 개선하고 소프트 파워를 증진한다는 점은 많은 연구를 통해서도 확인

된다. 2004년부터 2016년까지 개도국 20개국에서의 활동에 관한 한 연구에 따르면 봉사단이 활동한 이들 국가에서 미국에 대한 호감도가 긍정적으로 변했고 이는 통계적으로 유의미하다. 공신력 있는 퓨리서치(Pew Research) 조사에 따르면 한 명의 평화 봉사단원이 증가할 때마다 이들 개발 도상국가에서 미국에 대한 호감도(favorability)는 0.12포인트씩 상승하는 것으로 나타난다.

이러한 점 때문에 한국도 한국국제협력단 해외 봉사단원을 90년대 초부터 전 세계 개발도상국에 파견해 오고 있다. 현재까지 40여 개국에 만명 이상의 젊은이들을 보내왔는데 코로나바이러스 와중에 숫자가 줄었다가 올해는 다시 늘어 약 1400명이 30여 개국에 현재 파견되어 있다. 이들은 공공행정, 보건 의료, 교육, 농림수산, 기술 환경 에너지 분야 30여 개 직종에서 1년 혹은 2년 봉사활동을 수행한다. 여러 가지 조사에서 이들의 활동이 한국의 이미지 개선에 도움을 주는 것으로 나타나지만 아직은 작은 규모여서 크게 기대하기는 어렵다. 이명박 정부 시절 각 부처의 해외 봉사단을 World Friends Korea라는 브랜드로 통합하고 단원 수를 총 2만명까지 늘린다는 야심찬 계획이 있었지만 실천되지 못했다. 갈수록 어려워지는 청년들의 취업난을 해소하고 공공외교를 위한 민간 외교관을 더욱 양성하기 위해서는 속히 재가동되어야 할 사업으로 보인다.

아주경제 2022년 12월 4일

집 드라마 덕에… 외국인들, '한국재벌'에 관심

국인 유학생의 '반한' 정서… 무엇이 문제인가

가깝고도 먼 이웃 한국과 일본…

미래지향적 교류 협력의 길로 나설 때

우리만 모르는 '민주주의 모범국가 코리아'

2023

Lee Byung Jong's column

통령이 부른 '아메리칸 파이'와 공감능력

트파워'를 '하드파워'로 연결 하려면

음모론, 가짜뉴스… 대처법은 무엇일까?

국 잼버리 파행의 빼아픈 '수업료'

재벌집 드라마 덕에... 외국인들, '한국재벌'에 관심

폭발적 인기로 장안의 화제를 뿌리던 JTBC 드라마 '재벌집 막내아들'이 지난 연말 종영되었다. 총 16부의 마지막 회는 무려 27퍼센트에 달하는 높은 시청률을 보였다. 웹소설에 바탕을 둔 짜임새 있는 스토리, 출연진의 탄탄한 연기 등에 힘 입어 이룩한 성과였다. 한국 현대 경제사와 맥을 같이 하는 재벌의 내면과 재벌 가족의 명암을 조명해 많은 시청자들의 공감을 얻었다. 재미있는 것은 복잡하고 난해한 한국 재벌의 이야기임에도 불구하고 해외에서 엄청난 인기를 거두고 있다는 점이다. 넷플릭스와 경쟁에 이겨 해외 독점 판권을 따낸 홍콩의 플랫폼 회사 뷰(Viu)는 현재 전세계 OTT를 통해 이를 상영하고 있는데 몇 달째 자사 드라마 부동의 1위 자리를 지키고 있다.

이를 반영하듯 지난 달 싱가포르에서 있었던 드라마 홍보 기자 회견에는 아시아 6개국 48개 매체 기자들이 참석하여 성황을 이뤘다. 물론 '태양의 후예' 등 드라마와 영화를 통해 국제적인 스타가 된 주연 송중기가 그 인기의 배경임은 부인할 수 없다. 기자 회견 역시 송중기가 직접 참석하여 더욱 관심을 모았다. 재벌 창업자 역을 연기한 이성민 등 다른 배우들의 실감 나는 연기 역시 해외에서 인기의 이유일 것이다. 게다가 '오징어 게임' '킹덤' 등을 통해 한국 드라마는 세계적인 인기의 보증 수표라는 것이 벌써 증명된 터이다. 넷플릭스, 디즈니 플러스 등 전 세계의 OTT 플랫폼들이 한국 드라마 판권 확보를 위해 제작 전부터 치열한 경쟁을 벌이고 있는 형국이다.

'재벌집'이 해외에서 인기를 끌고 있는 또 하나의 이유를 들라면 한국 재벌에 대한 외국인들의 관심일 것이다. 한국 경제 성장의 견인차 역할을 한 한국 재벌에 대한 관심과 호기심이 작용했다고 볼 수 있다. 특히 아시아의 개발 도상국의 경우는 한국 재벌의 성장 과정 이면을 지켜보며 이를 자국의 경제 발전에 참고하고자 하는 의도도 있다. 과연 한국 재벌의 어떤 특징이 한국 경제 발전과 연결되는지 알고 싶은 것은 당연한 궁금증이다. 또한 재벌을 키우고 운영해온 창업주들과 그 가족들은 어떤 사람인지 알고 싶어한다.

이러한 궁금증에 대해 이 드라마는 나름대로 충분한 설명을 한다. 먼저 한국의 재벌들은 정치와 밀착해 정치권에 충성하고 그 댓가로 각종 혜택을 받아 성장한 것으로 묘사된다. 정경유착과 아울러 검찰, 언론 등과도 때로는 협조하고 야합하며 기회를 잡고 위기를 헤쳐 나간다. 재벌 창업주나 가족들은 미래에 대한 비전과 성공을 향한 집념으로 무장되어 있지만 노동자나 부하 직원들에게는 피도 눈물도 없는 비정한 지배 계급으로 그려진다. 이야기의 중심인 '순양'그룹 창업주 진양철 회장의 캐릭터는 한국의 대표적인 재벌 경영인인 이병철, 이건희, 정주영 세 사람을 모아 놓은 듯한 느낌이 든다. 주위 모두의 반대에도 불구하고 반도체 사업을 밀어 부치는 장면에서는 이병철 회장을, 첫 사업인 자동차 수리 사업을 회상하는 장면에서는 정주영 회장을 떠 올리게 된다. 전자부터, 물산, 금융, 호텔, 유통에 이르기 까지 모든 분야에서 문어발식 경영을 하는 데서는 소위 말하는 '삼성 공화국'의 모습이 보이고 회사 승계를 위해 자식들끼리 암투를 벌이는 데서는 현대그룹의 왕자의 난이 생각난다.

또 한 가지는 한국의 재벌이 지난 수 십 년간 국제 정세의 엄청난 파고에서 생존하고 번영하기 위해 어떤 피나는 노력을 했는지 보여준다. 98년 외환 위기를 겪으며 정부와 IMF의 강압 속에 구조조정을 단행했고 이 과정에서 많은 고통이 따랐으며 2000년대 닷컴과 디지털 변화의 와중에서 이를 때로는 기회로 때로는 위기로 맞게 된 모습을 보여준다. 이 과정에서 한국 경제의 중심도 중후장대한 중화학 공업에서 전자 등 첨단 산업과 서비스 분야로 변신하는 모습도 실감 나게 보여준다.

격변하는 세계 경제와 기술 변화 와중에서 나름대로 버티고 성장해온 한국 경제 및 재벌의 모습은 이 드라마를 시청하는 외국인들에게는 인상적인 장면으로 남게 될 것이다. 특히 크지 않은 규모에 상당 부분 개방된 한국 경제가 외부 충격에 쉽게 노출되어 위기를 겪고 이를 극복하는 과정은 한국의 강점으로 부각될 것이다. 아시아 외환 위기와 글로벌 금융 위기를 겪으면서 한 층 체질이 강화되고 업그레이드 된 한국 재벌의 모습도 기억에 남을 것이다.

한 가지 우려되는 점은 이 드라마에서 묘사된 추악한 재벌가의 모습이다. 경영권을 위해 식구끼리도 배반하고 음해하는 모습이나 노동자를 착취하는 비인간적인 모습은 물론 드라마의 극적 효과를 위한 과장인 경우가 많다. 설사 이것이 사실에 가깝다 해도 이 드라마의 배경이 되는 80, 90년 대에나 가능한 이야기이지 21세기인 오늘날의 얘기는 아니다. 그러나 이 드라마가 해외에서 인기가 높을수록 한국을 잘 모르는 외국인들은 여기에 그려진 추악한 재벌들의 모습이 모두 사실인 것으로 받아 들일 것이다. 반기업, 반재벌 정서가 만연한 한국의 현실이 외국으로도 확산 될까 내심 걱정이 된다.

아주경제 2023년 1월 4일

외국인 유학생의 '반한' 정서…
무엇이 문제인가

팬더믹이 서서히 가라앉으며 국제 여행이 활기를 띠고 있고 한국으로 향하는 외국인도 늘고 있다. 이 중에서도 눈에 띄는 그룹이 날로 증가하는 외국인 유학생이다. 필자가 학교에서 만나고 강의하는 유학생 숫자도 최근 급격하게 늘고 있다. 한국에 오는 외국 유학생 수는 2014년 8만 명 수준에서 불과 5년 후 2019년에는 두 배인 16만 명으로 늘었다. 이 숫자는 코로나 3년 간 정체되었으나 작년부터 다시 늘기 시작했다. 정확한 최근 통계는 아직 없지만 머지않아 정부가 목표한 20만 명에 도달할 것으로 보인다.

외국인 유학생 증가가 학교와 지역 경제에 재정적 도움이 되는 것은 당연하지만 국가적으로는 그 이상의 효과를 기대할 수 있다. 즉 이들이 체류 기간 동안 그 국가의 문화와 역사를 배우고 현지인과 교류를 통해 공감대를 형성해서 결국에는 그 나라를 이해하고 사랑하는 지지자가 될 수 있다는 점이다. 모국에서 상대적으로 높은 사회 경제적 위치에 처하고 있는 이들은 귀국해서도 오피니언 리더가 되어 주변인들에게 자신이 체류했던 국가에 대해 좋은 인식을 심어줄 수 있다. 다시 말해 오늘날 국가가 중시하는 소프트파워를 위한 중요한 자산이 되는 것이다. 그런 의미에서 정부가 공공외교의 일환으로 외국인 유학생 유치 및 관리에 힘쓰는 것은 당연한 일이다.

그러나 한국에 오는 외국인 유학생들이 모두 친한파가 되어서 돌아간다고 생각하면 큰 오산이다. 오히려 정부와 대학이 양적 성장에만 치중하고 질적 내실을 기하지 못해 많은 부작용이 생기고 있는 것이 현실이다. 한국 사회에서의 차별과 대학의 부실 운영, 그리고 정부 정책의 미비로 인해 이들의 한국에 대한 호감도가 감소하고 반한 정서가 팽배해지는 경우가 많다. 최근 한 조사에 따르면 2-4년간 한국에서 장기 체류한 중국인 학생 중 41퍼센트가 반한 정서를 갖고 있는 것으로 나타났다. 또 다른 연구에 따르면 외국인 유학생들의 반한 정서는 몽골, 베트남, 중국의 순으로 이어져 이 문제가 단지 중국 학생들만의 문제는 아니다.

현재 한국에 체류하는 외국인 유학생 중 44퍼센트는 중국, 24퍼센트는 베트남, 4퍼센트는 몽골인 점을 감안하면 이들의 반한 감정이 외국인 유학생 대부분의 정서를 표현하고 있다고 봐도 과언이 아니다. 또한 장기 체류가 필수적인 학위 과정 학생의 비율이 2017년 58퍼센트에서 2021년 79퍼센트까지 치솟은 것을 생각해 볼 때 장기 체류자의 반한 감정이 높은 것도 문제가 될 수 있다. 실제로 앞서 조사에 따르면 한국 체류가 1년 미만인 유학생의 반한 정서는 28퍼센트지만 3-4년 후에는 57퍼센트까지 오르고 가장 큰 이유가 이들이 경험한 차별감에서 발생된 '적대적 지각'이다.

이런 점은 가장 방대하고 체계적인 외국인 유학생 제도를 시행하고 있는 미국에서도 발견된다. 윌리엄 풀브라이트(William Fulbright) 전 상원의원이 주도해 미국 국무성이 1946년 시작한 풀브라이트 장학 프로그램은 현재까지 155개국 40여 만 명의 외국인 장학생을 미국 대학으로 초청해 수준 높은 교육을 제공했다. 이들 대부분이 과거의 한국을 포함한 개발 도상국 출신이었으며 이들은 모국으로 돌아가 미국에서 배운 지식을 활용해 그 나라 발전에 중요한 역할을 하는 지도층이 되었다.

그러나 이들 중 상당수, 특히 아프리카 출신 유학생들이 귀국 후 오히려 반미 인사가 된 것은 우리에게 큰 반면교사가 된다. 미국 체류 중 미국 사회에서 만연된 흑인의 차별 대우와 사회 부조리를 목격한 그들이 미국에 대해 좋은 감정을 가지고 갈 수는 없었을 것이다.

비슷한 예로 호주를 들 수 있다. 호주의 대학들은 적극적인 외국인 유학생 유치를 통해 재학생의 20퍼센트가 넘는 유학생을 보유하고 있다. 한국 대학의 4퍼센트에 비하면 큰 차이가 난다. 유학생은 석탄과 철광석과 함께 호주의 3대 수출품으로 여겨진다. 그러나 호주에서 최근 몇 년간 발생한 인종 차별, 유학생 폭행 사망 사건 등은 이들 유학생들이 호주에 대해 심한 적대감을 갖도록 만들었다. 호주 정부와 대학이 이를 시정하기 위해 많은 조치를 취하고 있지만 한 번 악화된 인식이 쉽게 변하지는 않는다.

한국의 경우도 매우 위험한 지경이다. 대학들이 취약한 재정 구조를 개선하기 위해 유학생들을 유치하려다 보니 양적 팽창에만 신경 쓸 뿐 내실 있는 질적 향상에는 무관심한 경우가 많다. 언어나 문화 차이로 이들이 겪는 어려움을 해소하기 위한 체계적인 지원책은 찾아보기 힘들다. 한국어가 능숙하지 않을 경우 수강할 수 있는 과목도 한국어나 한국 역사 등으로 제한되어 있다. 영어를 구사하는 유학생들이 들을 수 있는 영어 강의도 매우 부족한 현실이다.

이 밖에도 관리 부실로 유학생들이 학교를 떠나 불법 취업하는 경우도 있다. 교육부 추산에 따르면 약 1만 명 정도의 유학생이 현재 불법 체류하고 있다. 물론 이들 중 많은 학생들이 애초부터 학업 보다는 취업을 위해 입국했기 때문에 꼭 대학의 책임은 아니다. 그러나 보다 체계적이고 엄밀한 학생 선발을 했다면 이런 문제는 방지할 수 있었을 것이다.

충실하게 학업을 마치고 학위를 취득한 유학생의 경우에는 한국 내 취업을 원하는 경우가 많지만 실제로 이들이 한국 기업이나 기관에 취업하는 경우는 드물다. 아직 외국인 취업에 대한 장벽이 높기 때문이다. 그러나 이들이 한국 유학을 통해 얻은 지식과 경험, 그리고 출신국에 대한 유형 무형의 자산을 활용한다면 한국이나 한국 기업을 위해 이들이 할 수 있는 역할은 많을 것이다. 특히 최근에는 한류의 열풍이 아시아를 넘어 유럽, 미주로 확산되는 상황에서 이들 선진국 출신의 유학생도 갈수록 늘 수 있다. 필자가 소속한 학교에도 최근 프랑스, 미국, 스페인 등 다양한 국가 출신의 유학생들이 증가하고 있고 이들은 대부분 자비로 유학을 올 만큼 한국에 대한 애착을 갖고 있다. 이런 유학생들을 부실 관리해 한국의 소프트파워를 깎아 먹는다면 그보다 안타까운 일은 없을 것이다.

아주경제 2023년 2월 3일

가깝고도 먼 이웃 한국과 일본… 미래지향적 교류 협력의 길로 나설 때

지난 겨울 오랜만에 일본 후쿠오카를 방문했다. 3박 4일의 짧은 일정이었는데 상당 시간을 인천과 후쿠오카 공항에서 줄 서느라고 허비했다. 엄청나게 길게 늘어선 줄을 보면 대부분 20, 30대 한국 젊은이들이다. 비행기는 완전히 그들이 전세를 낸 듯하다. 친구끼리 혹은 연인과 함께 3년 만에 처음으로 코로나 바이러스에서 해방되어 해외 여행을 즐기는 모습이다. 한국과 가깝고, 날씨도 온화하고, 물가도 상대적으로 저렴한 후쿠오카나 큐슈의 다른 도시를 그들이 찾는 것은 당연해 보인다. 후쿠오카 시내는 이들이 점령한 듯하고 유명 맛집이나 관광 명소는 한국 젊은이들로 인산 인해를 이룬다.

봄이 오자 이렇듯이 한일 관계의 해빙 무드가 돈다. 한국 정부는 일부의 반대에도 불구하고 월요일 양국 간 오래된 현안인 강제 징용 문제에 대한 해결책을 내 놓았다. 제3자 변제 원칙을 통해 한국 기업이 일단 징용 피해자에게 배상하고 그 후 일본의 조치를 지켜보겠다는 것이 골자다. 이것으로 65년 외교 관계 수립 후 최악으로 치닫던 양국 관계가 회복될지는 모르지만 최소한 해결의 단초는 제공된 셈이다. 수 많은 젊은이들이 오가고 문화가 교류되는 양국 관계에서 더 이상 과거에 발목을 잡히기보다는 미래를 지향하겠다는 윤석렬 대통령의 의지이다.

사실 한국 정부나 정치인에게 일본은 회피하고 공격해야 하는 나라이지만 한국의 젊은이들은 다른 입장에 있다. 과거사를 왜곡하고 진정한 사과를 거부하는 일본 정부에 대해서는 분개하지만 일본 자체나 일본인에 대해 거부감을 갖는 것은 아니다. 오랫동안 일본의 문화, 음식을 즐겨왔고 이에 대해 친근감을 느낀다. 농구를 주제로 한 '슬램덩크'를 비롯한 일본 만화 영화들이 한국의 극장가에서는 엄청난 흥행을 누리고 있고 일본식 '이자카야'는 젊은이들이 애용하는 식당 중 하나다. 정도는 약하지만 일본의 젊은이 역시 한국의 팝 음악이나 대중 문화에 심취되어 있고 한국 방문을 즐기고 있다.

실타래처럼 꼬이고 경색된 정부 관계에도 불구하고 이렇게 긴밀하고 친밀하게 이어지는 양국 간 인적 교류나 문화 교류를 어떻게 봐야 할까? 흔히들 이를 소위 '아시아 파라독스(Asia Paradox)'의 한 현상이라고 부른다. 물적, 인적, 문화적, 사회적 교류는 왕성함에도 불구하고 공식적 정부 관계는 불편한 아시아 국가 간의 관계를 말한다. 한일 관계가 대표적이지만 인도, 파키스탄 관계도 한 예로 들 수 있다.

이 배경에는 물론 일본의 식민지 제국주의가 큰 역할을 한다. 아직 청산되지 않은 과거사에 대한 불만, 그리고 보통국가를 꿈꾸며 군사적 재무장을 도모하는 자민당 정부에 대한 불신이 아시아 국가 간의 결속을 장애하는 큰 요인이 된다. 많은 아시아 국가들이 과거 서방 열강의 팽창적 제국주의에 희생이 되어 식민지 경험을 한 것도 이들을 보다 수세적으로 만든다. 역내 협력과 공생에 앞서 자신의 생존을 지키려는 본능이 배타적 민족주의를 키우는 것이다.

이런 점에서 한, 중, 일이 포함된 동북 아시아에서 진정한 역내 협력을 기대하기는 어렵다. 일본의 과거사 문제 뿐 아니라 중국의 공격적인 대외 정책 역시 발목을 잡기 때문이다. 동남 아시아에는 물론 동남아국가연합(ASEAN)이 오래 전 결성되어 10개국의 협력을 도모하고 있다. 그러나 ASEAN은 느슨한 결속 및 주권에 대한 불간섭 원칙으로 실질적인 공동보조 보다는 상징적 연합의 모습을 보이는 경우가 많다.

아시아의 이러한 각자도생의 모습은 유럽연합(EU)을 통해 보다 결속되고 협력적인 모습을 보이는 유럽과는 크게 다르다. 어찌 보면 아시아보다 더욱 비극적인 과거 역사를 양 차 세계대전을 통해서 경험했지만 이러한 뼈아픈 기억을 뒤로 하고 EU를 통해 하나의 시장, 하나의 공동체를 구성하고 있다. 단순한 무역, 산업, 경제에서 시작된 통합은 이제 화폐, 재정을 넘어서 외교 안보 및 사회 분야까지 확산되고 있다.

물론 유럽 국가들도 부채나 난민 문제 등에 있어서는 이견이 많고 불협화음도 생기지만 전체적으로 아시아와는 다른 결속력을 보인다. 또

한 유럽 국가들 대부분이 기독교를 바탕으로 한 유사 문화, 언어를 공유하고 정치, 경제적으로도 상대적으로 차이가 적기 때문에 이런 결속이 가능하다. 반면 아시아는 문화, 종교, 언어가 상이하고 정치 형태나 경제 발전 정도에 있어 극심한 차이를 보이기 때문에 통합에는 한계가 있다.

그럼에도 불구하고 아시아 국가 간의 협력은 꼭 필요한 과제다. 유럽 같은 공식적인 정부간 연합체가 아니더라도 최소한 일반인들의 교류나 협력이 좀 더 활성화되도록 만들 필요가 있다. 한국인이나 다른 아시아인이 부러워하는 유럽 국가 간 자유로운 국경 출입은 어렵더라도 민간 분야의 이동과 교류가 좀 더 자유로워질 필요가 있다. 이런 점에서 최근 한일간 여행 활성화를 위한 일련의 조치들은 환영할 만하다. 양국 정부가 서둘러 코로나 관련 방역 조치들을 완화했고, 입국 절차를 간소화 했으며, 양국 간 항공편 역시 서둘러 확장한 것이 그것이다. 한국과 일본의 공항에서 대기하는 줄이 길어져 심히 불편하다 해도 발전적인 양국 관계의 미래를 위해서는 기꺼이 감내할 일이다.

아주경제 2023년 3월 6일

우리만 모르는 '민주주의 모범국가 코리아'

지난 주 바이든 미국 대통령이 내년에 열릴 3차 민주주의 정상회의 주최국이 한국이라고 발표했을 때 필자는 잠시 귀를 의심했다. 수 백 년 민주주의 역사를 가진 영국도 아니고 프랑스도 아니고 한국이라고? 서로를 극렬하게 공격하는 진영 싸움에 날 새는 줄 모르고 정치판이 증오와 갈등으로 가득 찬 한국이라고? 그렇다. 우리도 인지하지 못하는 사이에 어느덧 바깥에서는 한국이 민주주의의 모범 국가라는 인식이 퍼지고 있다. 잘해야 30 년 밖에 되지 않는 한국의 민주주의가 밖에서는 본받아야 할 대상으로 여겨진다.

물론 미국 정부의 계산도 작용했다. 중국을 견제하고 우방인 한국과의 결속을 좀 더 강화해 아시아에서 미국의 영향력을 유지하기 위해 한국을 택한 이유도 있다. 또 최근 한국 정부가 일본과의 역사 문제에서 양보를 하여 한미일 공조가 좀 더 쉬워진 것에 대한 보상일 수도 있다. 그러나 짧은 역사에도 불구하고 한국의 민주주의가 괄목하게 성장한 점은 부인할 수 없다. 휴전선 바로 넘어 북한이 중세 암흑기에나 가능한 일인 독재 체제를 이어나가는 상황에서 한국의 민주주의는 더욱 돋 보일 수 밖에 없다.

밖을 살펴보면 이런 점은 더욱 눈에 띈다. 민주주의의 아성이라는 미국에서는 트럼프 전 대통령이 패배한 선거에 불복한 지지자들이 의회당을 난입해 사상자까지 발생하는 상황에 이르렀다. 지난 주 트럼프 대통령은 자신과 성관계를 맺은 포르노 스타의 입막음을 위해 금품을 제공했다는 혐의로 기소되었다. 이로 인해 트럼프 지지자들의 폭동이 우려되어 뉴욕 시는 비상체제에 들어갔다. 브라질에서도 지난 1월 선거 결과에 불복한 보우소나로 전 대통령의 지지자들이 입법, 사법, 행정부 건물을 난입해 폭력을 휘둘렀다.

사실 민주주의의 후퇴는 전 세계에서 확산되고 있다. 개방과 개혁으로 서구화되던 중국은 시진핑 주석 집권 후 전체주의로 회귀하고 있고 러시아 역시 푸틴 대통령의 권위주의가 날로 심화되고 있다. 애써 민주주의로 향하던 헝가리나 폴란드 같은 나라 역시 권위주의 요소가 강화되고 있다. 최근에는 이스라엘의 네타냐후 총리가 사법부를 장악하려는 법안을 추구하다가 엄청난 국민 저항에 부딪혔다. 이런 상황에서 바이든 대통령은 권위주의에 대항하는 민주주의의 결속과 확산을 위해 민주주의 정상회의를 추진해 지난 주 두 번째 회의를 마쳤다.

한국의 민주주의가 높이 평가되는 이유 중 하나는 선거 결과 승복이다. 지난 번 대통령 선거는 단지 0.73 퍼센트의 아슬아슬한 표 차이로 당락이 갈렸지만 패자는 깨끗이 승복했다. 미국이나 브라질에서는 그 이상의 표 차이가 났지만 패자는 승복하지 않았고 부정 선거 의혹만 꼬리를 물었다. 한국에서도 지난 2020년 국회의원 선거에 대한 부정 선거 의혹이 있지만 국민 다수의 동조를 받지는 못하고 있다. 선진, 후진국을 막론하고 많은 국가에서 선거 결과에 대한 시비가 일어나는 상황에서 한국의 경우는 모범이 된다.

또 하나 한국이 돋 보이는 점은 어느 대통령도 법의 심판을 피할 수 없다는 점이다. 전직 대통령 다섯 명이 부패나 내란 선동 등 혐의로 조사를 받거나 사형 혹은 수십 년의 징역형을 선고 받았다. 대통령이 탄핵을 당하기도 했다. 트럼프 대통령의 기소로 폭동이 우려되는 미국에 비하면 훨씬 선진화된 모습이다.

이와 관련 뉴욕 타임즈 베테랑 기자인 니콜라스 크리스토프(Nicholas Kristof)는 지난 주 칼럼에서 "전직 대통령 체포의 전문가"라며 한국 민주주의를 극찬했다. 한 때는 한국 민주주의가 비성숙했다고 여겼으나 자신의 판단이 틀렸음을 인정했다. 과거 뉴욕 타임즈 홍콩 지국장을 하며 한국 관련 기사를 많이 썼던 그는 또 한국이 "법치(rule of law)" 뿐 아니라 "치유(healing)"의 모범 국가라고 평가했다. 즉 사형이나 중형을 선고 받았던 전직 대통령들이 모두 1년에서 4년 정도의 복역 후 사면을 받아 석방되었던 점을 상기시켰다.

이렇듯 밖에서 후하게 평가받는 한국의 민주주의에 대해 한국인 자신은 크게 확신하지 못하는 듯하다. 그도 그럴 것이 정파와 이념에 따라 극렬하게 갈라진 한국 정치의 모습은 추해 보일 뿐 아니라 개선의 여지가 보이지 않기 때문이다. 선거 결과는 승복하지만 새 정부에 대한 정당성은 인정하지 않는 분위기가 역력하다. 윤석열 정부에 대한 지금 야당의 태도가 그러하고 문재인 대통령 시절 지금의 여당의 태도가 그러했다. 상대방의 정책이면 무조건 반대하고 내가 속한 진영의 입장이면 무조건 찬성한다. 야당은 대통령의 시시콜콜한 행위 뿐 아니라 그 가족까지도 비하하고 새 정권이 들어서면 전 정권 정책 및 인사에 대한 보복이 이어진다.

이런 점에서 한국의 민주주의는 아직 갈 길이 먼 것이 사실이다. 제도 면에서나 시행 면에서 개선을 위한 뼈를 깎는 노력이 필요하다. 그러나 한 가지 분명한 것은 한국의 민주주의는 짧은 역사에도 불구하고 놀라운 성과를 이루었다는 점이다. 세계의 시각에서 볼 때는 유례가 없는 일이고 충분히 모범이 될 만한 사례다. 미국의 입장에서는 특히 그러하다. 한국 전쟁 후 자신들이 한국에 민주주의 제도를 수출할 때 한국은 아직 봉건 암흑 시대나 다름 없었다. 그러나 불과 몇 십년 만에 이제 한국의 민주주의는 미국의 그것과 대등하거나 아니면 추월하는 정도에 이르렀다. 이것이 바이든 대통령이 차기 민주주의 정상회의 주최국으로 한국을 선정한 이유일 것이다. 그의 선택이 틀리지 않았음을 보여주는 것은 온전히 한국인이 몫이다.

아주경제 2023년 4월 5일

윤대통령이 부른 '아메리칸 파이'와 공감능력

한미동맹 70주년을 맞아 윤석열 대통령이 미국을 국빈 방문 했지만 한미 간에는 여전히 의견 차가 존재한다. 정상회담 후 대통령실은 양국이 핵을 공유할 것이라고 발표했지만 미국은 이를 부인하며 핵 결정권은 여전히 자신들의 손에 있음을 분명히 했다. 이런 이견에도 불구하고 한 가지 양국이 공감한 점이 있다면 바로 미국과 미국 문화에 대한 윤 대통령의 애정이라고 할 수 있다. 백악관 공식 만찬에서 마이크를 잡고 '아메리칸 파이'를 열창하던 그의 모습에서 이런 점을 발견할 수 있었다.

윤 대통령이 '아메리칸 파이' 노래가 미국에서 어떤 의미가 있고 아울러 '아메리칸 애플 파이'가 미국에서 무엇을 상징하는지 알고 있는지는 명확하지 않다. 그러나 그가 엄숙한 만찬장에서 짧게 한 소절 부르는 이 장면이 유튜브를 통해 널리 전파되고 테슬러의 일론 머스크나 그 곡을 작곡한 돈 맥클린 등이 소셜 미디어에 경쟁적으로 이 영상을 공유한 점을 보면 문화를 통해 미국 사회와 공감하고 미국인에 다가가려던 윤 대통령의 의도는 충분히 달성된 것으로 보인다.

아메리칸 애플 파이는 가장 미국적인 음식이고 이를 주제로 한 노래 역시 미국 문화의 한 획을 긋는 명곡이다. 1971년 돈 맥클린이 발표한 이 곡은 미국의 번영과 자부심이 정점을 이루던 유토피아적 1950년대를 지나 60년대에 이르며 케네디 대통령의 암살과 흑인 인권 운동, 쿠바 미사일 사건 등으로 미국 사회가 혼란의 나락에 빠지는 모습을 그린다. 작곡가는 자신이 추앙하던 팝 음악 가수 세 명이 비행기 추락으로 동시 사망하는 사건의 충격을 노래하며 이 사고가 순수하고 선하던 한 시절의 종말을 고하는 신호로 해석한다.

그런 의미에서 이 곡을 열창하던 윤 대통령의 장면에서 미국인들은 미국을 이해하고 사랑하려는 한국 대통령의 모습을 보았으리라 생각된다. 또 한 상하원 합동 연설에서 완벽하지는 않지만 또박 또박한 영어로 43분간이나 연설을 한 점도 인정을 받았을 것이다. 한 나라 정상이 자신의 모국어 대신 타국어로 연설을 하는 것이 부담스러울 수 있고 특히 한국 같이 민족주의가 강한 경우에는 사대주의라는 비판을 받을 수 있는 상황이기에 이런 점을 더욱 평가했을 것이다.

그런 점에서 과거 이승만, 노태우, 김대중, 박근혜 대통령이 미국 의회에서 영어 연설을 한 점은 평가받을 만 하다. 미국에서 박사 학위를 받은 이 대통령을 제외하고 그들의 영어 발음은 부자연스러웠지만 이를 통해 미국인들에게 한 걸음 더 다가가려 노력했다. 이명박 대통령 역시 소위 '생존 영어'를 통해 통역 없이 외국 인사들과 소통하려고 했다. 상대방의 공감을 얻기 위해서는 아무래도 그들의 언어로 얘기하는 것이 효과가 높기 때문이다. 윤 대통령 역시 이런 점 때문에 가능하면 쉽고 간단한 영어를 통해 미국인에게 다가가려 했다고 밝혔다. 고조되는 북한 핵 위협에 맞서 미국과의 동맹이 무엇보다 중요한 시기에 이런 자세는 효과 여부를 떠나 꼭 필요한 것으로 보인다.

사실 타국의 문화에 공감하고 그들 언어를 사용하는 것은 그 나라 국민의 사랑을 얻을 수 있는 효과적인 방법이다. 이 점은 외국인에게 우리의 문화만을 강요하려는 경향이 높은 한국인에게는 꼭 필요한 덕목이다. K-pop과 한류가 성장하면서 우리 문화에 대한 과도한 자부심으로 길거리에서 만난 초면의 외국인에게 무조건적으로 Do you know Kimchi? 혹은 Do you know BTS?라고 묻는 것은 낯 뜨거운 자민족주의(ethnocentrism)에 지나지 않는다. 그만큼 그들의 문화를 알고자 하는 노력이 없으면 더욱 그러하다.

그런 점에서 이번 방미 때 윤 대통령이 BTS나 '블랙핑크'를 자랑하면서 동시에 '탑건 매브릭', '미션 임파서블' 등 헐리우드 영화를 칭송한 것도 평가할 만하다. 물론 연설문 작성 비서가 준비해준 얘기일 가능성이 높지만 이번에 윤 대통령이 구사한 몇 가지 조크 역시 눈 여겨 볼 만하다. BTS가 자신보다 백악관에는 먼저 왔지만 의회에는 자신이 먼저 왔다는 등 다수의 애드 립 조크 역시 유머를 사랑하는 미국인들에게 점수를 땄을 것으로 여겨진다.

아리스토텔레스는 '수사학'에서 성공하는 연설의 세 가지 조건을 설명한다. 즉 로고스(logos), 에토스(ethos), 페이토스(pathos)이다. 로고스는 문자 그대로 논리적인 연설 내용이다. 귀납, 혹은 연역적 삼단 논법을 통한 논리적 설득이 필요하다는 얘기다. 그 다음 에토스는 연사에 대한 신뢰감을 말한다. 특히 윤리적이고, 정직하거나 전문적인 연사일 때 연설 효과가 극대화된다. 마지막 페이토스는 청중과의 감성적 공감이다. 아무리 좋은 연사가 좋은 내용으로 연설해도 청중과 교감하지 않으면 무용지물이다. 그런 점에서 윤 대통령은 이번에 가장 미국적인 노래인 '아메리칸 파이'를 통해 나름대로 미국인의 공감을 끌어냈다고 판단된다.

아주경제 2023년 5월 2일

'소프트파워'를 '하드파워'로 연결 하려면

1990년대 초 하버드 대학의 조셉 나이 교수가 소프트파워 개념을 정리 발표한 이 후 이에 대한 비판은 끊이지 않았다. 당시 냉전이 끝나고 유일 초강대국으로 미국의 하드파워가 확고한 시점에서 문화, 가치, 정책 등 소프트파워에 치중해야 한다는 얘기였지만 곧 이에 대한 의문이 제기 되었다. 테러와의 전쟁, 그리고 세계 곳곳에서 끊이지 않는 내전, 최근에는 우크라이나 전쟁 까지 일어나는 마당에서 유약한 소프트파워를 내 세우는 것은 위험하다는 얘기였다. 사실 이 개념의 창시자인 나이 교수마저 나중에는 하드파워와 소프트파워가 합해진 스마트파워의 중요성을 강조 했다.

미중 갈등과 우크라이나 전쟁으로 대표되는 소위 신냉전 시대에 소프트파워에 대한 이러한 의구심은 더욱 가중될 수 밖에 없다. 군사력,

경제력 등 하드파워에 다시 치중해야 할 때라는 얘기다. 실제로 유럽 각국들은 군사비를 늘리고 나토 군사 동맹을 확장하는 등 하드파워 확보를 위한 노력에 매진하고 있다. 기타 지역에서도 이러한 움직임은 확대되어 신냉전 시대의 첨예한 군비 경쟁으로 까지 이루어 질 가능성이 엿보인다.

이런 와중에 필자는 지난 주 소프트파워와 공공외교를 주제로 한 세미나 참석을 위해 동유럽의 세르비아를 찾았다. 90년대 말 코소보와 갈등으로 내전을 치루며 인종청소의 주역이라는 불명예를 안았던 국가이다. 나토의 폭격으로 수도 베오그라드는 심하게 파괴되어 아직까지도 그 흔적이 남아있다. 또한 이웃 국가로 새로 독립한 코소보와의 갈등이 지금까지도 이어지고 있다. 세미나가 열리던 지난 주에도 코소보 내 세르비아 민족들이 사는 지역에 알바니아계 시장이 당선되자 이에 대한 데모가 벌어져 폭력사태까지 야기되었다. 역시 현실주의에 바탕을 둔 끊임없는 하드파워적 갈등이다.

이런 마당에 필자가 연설할 주제가 자유주의와 이상주의에 근거한 소트프파워라는 점은 큰 부담이 될 수 밖에 없었다. 회의에 참석한 세르비아 정부관리, 외교관, 학계, 언론계 인사들에게는 생소한 얘기가 될 수 밖에 없었다. 이런 상황에서 소트프파워와 이를 위한 공공외교의 중요성을 얘기하고 한국의 사례를 소개하는 것이 무슨 의미가 있을까 하는 의문이 들었다.

그러나 필자는 최근 우크라이나 상황을 예를 들어 소트파워의 중요성과 당위성을 설명했다. 지난 해 초 러시아가 막강한 군사력을 바탕으로 우크라이나를 침공했을 때 우크라이나의 패배는 시간 문제인 것으로 보였다. 역시 막강한 하드파워의 위세가 대단했기 때문이다. 그러나 18개월이 지난 지금도 우크라이나는 러시아 침공을 막아내며 꿋꿋하게 버티고 있다. 혹자는 러시아의 패배를 예상하기도 한다. 예상과 다른 이런 상황은 왜 벌어졌을까? 필자는 이것이 우크라이나의 소프트파워라고 여긴다. 전 세계 여론을 향한 젤렌스키 대통령의 감성적이고 격정적인 메시지 전달, 그리고 그 나라 국민들이 보여준 결연한 항쟁 의지 등이 그것이다. 러시아를 압도하는 정당성 및 윤리적 당위성과 이를 바탕으로 한 설득력있는 스토리는 세계 여론을 우크라이나에 호의적으로 이끌었다. 이것은 결국 많은 서방국가들이 우크라이나를 위해 군사 및 재정적 지원을 하도록 만들었다. 한국 마저도 러시아의 견제에도 불구하고 지원을 약속한 바 있다.

이것은 어떻게 소프트파워가 단지 소프트하고 유약하게 머물지 않고 강력한 하드파워로 이어질 수 있는가를 보여주는 좋은 사례이다. 필자는 세르바이 청중들에게 이점을 설명했고 상당수 참석자들이 공감했던 것으로 판단한다. 파괴적이고 비극적인 내전을 겪었고 아직도 그 굴레에서 벗어나지 못하는 상황에서도 그들은 세르비아가 어떻게 자국의 소프트파워를 확보할 수 있는지 진지한 표정으로 질문했다. 특히 경제 및 사회 발전을 위해 유럽연합(EU) 가입을 뜨겁게 열망하고 있는 그들은 유럽, 널리는 세계 여론의 지지가 무엇보다 중요하고 이를 위해서는 소프트파워를 활용해야 한다는 것을 잘 알고 있었다.

그들의 이러한 질문에 필자가 명쾌한 대답을 주지는 못했다. 세르비아 사정을 자세히 알지 못하기 때문이다. 그러나 한 가지 나름대로 제언을 했다. 테니스를 사랑하는 아마추어 테니스 동호인으로서 필자는 세르비아가 나은 세계적인 테니스 선수인 노박 조코비치 선수를 활용할 것을 제안했다. 이러한 세계적인 운동 선수나 스타는 출신 국가의 명성을 높여주는 소위 이전효과(transfer effect)가 있기 때문에 그렇다. 필자 역시 세르비아를 잘 알지 못 하지만 이 한 선수를 계기로 이 나라에 대한 애정을 갖게 되었다고 털어 놓았다.

여기서 당연하게 드는 질문은 손흥민 선수나, BTS가 과연 한국의 경제와 안보에 필요한 하드파워에 도움을 줄까하는 점이다. 여기에 대한 필자의 대답은 그렇다이다. 당장은 그 효과가 없는 듯 해도 결국 소프트파워는 한 나라의 하드파워로 변환될 수 있다는 얘기다. 일단은 경제력에 도움을 주고 추후에는 군사력에도 도움을 준다. 이 점은 벌써 한국의 경우 현실이 되고 있다. K-pop 등 한국의 매력적인 대중 문화는 한국 상품 수출을 돕고 있고 한국 기업을 살찌우고 있다. 많은 국가에서 한국에 대한 관심과 애정이 늘어나고 이는 관광객과 유학생의 증가로 이어진다. 경제 뿐 아니라 안보에서도 그렇다. 미국 등 우방국가에서 한국에 대한 호감도가 증가할수록 군사적인 지원도 커질 수 있다. 미국의 지속적인 주한미군 주둔이나 안보 약속도 예외가 아니다.

그러나 가만히 앉아 있어도 소트프파워가 하드파워로 이어지지는 않는다. 자신이 갖고 있는 소프트파워를 더욱 갈고 닦고 잘 포장해서 세계에 설득력있게 제시해야 하는 점이다. 한국은 아직도 이 점에서는 개선할 점이 많다고 본다. 좋은 소트프파워 자산이 많음에도 이에 대한 효과적인 운용이 부족하다. 한국의 대표적인 문화 상품, 제품, 인물이 있지만 이들을 한국의 명성이나 국익을 위해 잘 사용하는지는 의문이다. 그렇지 않다면 한국의 소트프파워는 결국 소트프하고 유약한 영역에 머물고 말 뿐이다.

아주경제 2023년 6월 2일

괴담, 음모론, 가짜뉴스... 대처법은 무엇일까?

바야흐로 괴담과 음모론 전성시대이다. 일본 후쿠시마 원전 오염수로부터 미국 싸드 미사일 기지가 있는 성주 참외에 대한 괴담이 있다. 또 지난 번 국회의원 선거 부정이나 천안함 피폭 사건에 대한 음모론이 여전히 돌고 있다. 한편에서는 거짓말하는 정부가 이런 사건의 배후에 있다고 주장하며 삭발 단식하고 다른 편에서는 이를 부정하기 위해 안간힘을 다하는 형국이다. 국무총리는 후쿠시마 오염수 (정부의 입장에서는 처리수) 안전을 보장하기 위해 횟집에서 회를 시식하는가 하면 여당 대표는 성주 참외가 인체에 무해하다는 것을 보이기 위해 참외 먹방에 참여했다. 그러나 정부의 이런 제스처가 괴담과 음모론을 잠 재우기에는 역부족이다.

괴담과 음모론의 출처는 꼭 정부에 대항하는 야당에만 있는 것은 아니다. 2020년 총선에 대해서는 아직도 여권 일각에서 꾸준히 부정 선거를 주장한다. 그러나 대부분의 출처는 야당이거나 야권 매체이다. 그 원조는 아마도 이명박 정부 시절 민심을 흉흉하게 했던 광우병 괴담일 것이다. MBC 및 그 당시 야 성향 매체들은 미국 소고기가 인체에 치명적 해를 미친다고 주장했고 야당 및 야권 인사들은 이를 맹목적으로 수용해 전국적인 반정부 투쟁을 이끌었다. 최근에도 야권 매체를 시발점으로 생성된 괴담이 야당과 야권을 통해 국민 전체로 확산되는 경우를 자주 본다.

언론 매체를 통해 확산되는 음모론의 현상은 물론 한국에만 국한된 것이 아니다. 미국에서는 트럼프 전 대통령이 2020년 선거 부정을 아직도 주장하고 있고 공화당 지지자 중 상당수가 이를 굳게 믿고 있다. 대표적인 보수 언론인 폭스 뉴스는 이런 음모론을 부채질해 왔고 그 결과 2021년 폭도들의 의회당 난입 사건까지 일어나 인명이 희생되었다. 폭스 뉴스는 개표 진행 시스템 회사 도미니언이 부정 선거 배후에 있다고 주장하다 회사로부터 명예 훼손 소송을 당해 사상 최고인 무려 7억 8700만 달러의 합의금을 지불했다. 그러나 트럼프는 여전히 건재하는 부정 선거 음모론에 편승해 내년 대선에서 재선을 노리고 있다.

미국 사회의 또 다른 음모론은 코로나 바이러스에 관한 것이다. 팽창하는 인구를 줄이기 위해 일부러 바이러스를 퍼뜨렸다는 음모론에서부터 백신이 인체에 큰 해를 미친다는 괴담까지 다양하다. 그 결과 많은 미국인들이 백신 맞기를 거부했고 이로 인해 큰 희생을 치뤘다. 그 이전에도 백신에 관한 괴담은 꾸준히 나돌아 아이들이 홍역 백신을 맞으면 자폐증에 걸린다는 낭설 때문에 백신 거부 운동이 확산되어 의료 당국을 난처하게 만들었다.

미국 및 서방 사회의 더 뿌리 깊은 괴담들은 황당무계하기 까지 하다. 대표적인 것들은 팝스타 엘비스 프레슬리가 아직 살아 있고 케네디 대통령은 CIA에 의해 암살되었으며 영국의 다이애나 공주는 교통사고가 아니라 왕실에 의해 살해되었다는 등이다. 더 심한 경우도 있다. 수백만명이 희생된 나치 독일의 유대인 학살 사건은 사실이 아니며 9.11 테러 역시 중동의 석유를 위해 미국 정부가 꾸민 일이라는 것이다. 그 밖에도 인류의 달 착륙은 순전히 허구이고 미국 정부는 지구에 불시착한 외계인을 대상으로 비밀리에 실험하고 있다는 괴담이 있다.

이렇게 괴담과 음모론이 창궐하는데는 역시 전통 매체의 책임이 크지만 이제는 여기에 더해 소셜 미디어가 더 큰 역할을 한다. 소셜 미디어에서 확산되는 근거없는 정보들은 진실 확인이 불가하고 일반인들은 자기가 믿고 싶은 정보만 접하려는 소위 확증 편향 때문에 더욱 이런 정보에 탐닉하게 된다. 연구에 따르면 소셜 미디어의 가짜 뉴스나 악의적인 정보는 그렇지 않은 뉴스나 정보보다 훨씬 빠른 속도로 확산된다. 여기에는 의도하지 않은 가짜 정보(misinformation), 그리고 의도된 가짜 정보(disinformation)가 포함된다.

극단주의와 과격주의를 전문으로 연구하는 미국 아메리칸 대학의 신티아 밀러 이드리스(Cynthia Miller-Idriss) 사회학 교수에 따르면 괴담이나 음모론은 사람들이 자신의 통제력을 상실할 때 많이 발생한다. 자신이 주변 상황을 통제하지 못하면 불안과 초조감을 느끼고 이 경우 흑백 논리에 기인한 명확한 해답을 제공하는 음모론에 기대게 된다. 특히 믿기 어려운 사건이나 불가사의한 사고 같은 상황을 접할 때 이런 현상이 더욱 빈번하게 나타난다.

괴담과 음모론에 대한 대처법은 무엇일까? 이에 대한 연구는 학계에서도 아직 초보 단계이지만 몇 가지 단서는 제공한다. 아일랜드의 University of College Cork의 한 연구에 따르면 음모론에 대한 가장 효과적인 처방법은 당연히 예방이다. 즉 특정 음모론에 대해 사전에 경고하는 것인데 여기서 중요한 것은 타이밍이다. 일단 음모론이 퍼진 후에는 효과가 없다는 얘기다. 조악한 증거를 식별하는 방법을 가르치는 것도 한 방법으로 제시된다. 가장 회피할 것은 논리가 아니라 감성에 호소하는 것이다. 음모론에 대한 조롱도 금기시된다.

음모론이나 괴담이 어디서나 문제가 되지만 한국에서는 유독 심각하다. 지나치게 정파와 이념에 몰입된 언론 매체가 주된 이유이다. 남북이 분단되어 있고 사회 전체가 지역, 세대, 남녀 갈등으로 갈라져 있어 더욱 그러하다. 전통 매체가 신뢰를 잃어가는 상황에서 소셜 미디어의 파괴력은 커질 수 밖에 없고 여기서 가짜 뉴스는 더욱 활개를 친다. 이런 현상이 지속된다면 국민을 안심시키기 위해 국무총리가 회를 시식하고 여당 대표가 참외 먹방을 해야 하는 일이 좀 더 잦아질 것이다.

아주경제 2023년 7월 18일

새만금 잼버리 파행의 뼈아픈 '수업료'

2023 새만금 세계 스카우트 잼버리 공동 조직 위원장인 김윤덕 민주당 의원은 선견지명이 있는 듯 하다. 대회 전 페이스북에서 그는 이번 대회에 "참가한 모든 대원이 생애 영원히 잊을 수 없는 추억을 쌓고 갔으면" 하는 바람을 적었다. 그가 바라던 대로 이번 달 초 새만금에 모였던 전 세계 42,000명의 스카우트 대원들은 평생 잊지 못할 기억을 갖게 되었다. 'Draw Your Dream'이라는 이번 대회 구호대로 꿈을 그리게 되어서가 아니라 여러 복합적인 요인으로 인한 대회 차질로 중도에서 포기하고 철수하는 유례없는 일을 겪었기 때문이다. 큰 기대와 희망을 갖고 새만금을 찾았던 이들 청소년들은 부적절한 장소 선정, 조직위의 준비 부족 등 내적인 요인에다 기록적인 폭염과 태풍 등 외적인 요인이 겹쳐서 생겨난 대형 사고의 희생자가 된 것이다.

이번 대회 실패에 대해 조직위나 관계 기관에 모든 책임을 돌리는 것은 가혹할 수 있다. 40도에 달하는 기록적인 고온으로 인해 온열 환자가 발생한 것은 누구도 통제할 수 없는 천재지변이었다. 강력한 태풍이 닥친 것도 어쩔 수 없는 일이었다. 대회 중단 후 전국 각지로 흩어져 지자체 및 기업의 도움으로 관광, 문화 체험을 하고 서울에서 케이팝 공연까지 즐기게 되었기 때문에 이 들 단원들이 대회의 악몽은 잊을 지도 모른다. 또 각계 각층에서 이들에게 도움을 주고 좋은 추억을 제공하려고 했기 때문에 결국에는 한국에 대해 좋은 감정을 갖고 귀국할지도 모른다.

그러나 이제까지 많은 대규모 국제 대회를 성공적으로 치루며 보여준 한국의 저력은 이번 대회에서는 전혀 찾아볼 수 없었다. 1988년 서울 올림픽, 2002년 한일 월드컵, 2018년 평창 올림픽 등 수많은 국제 행사를 치루며 한국은 언제나 철저한 준비, 능숙한 운영, 그리고 정부와 국민의 헌신적 노력으로 세계의 찬사를 받았다. 모든 행사에서 나름대로 장애물이 있었지만 대개의 경우 큰 무리없이 극복해 갔다. 그러나 이번 행사의 실패로 이런 인식은 일거에 날아갈 수 있다. 이 때문에 일부는 금년 말 있을 2030년 세계 엑스포 대회 유치 경쟁에서 부산이 패배할 수도 있다고 우려하고 있다. 우연히도 2027 세계 가톨릭 청년 대회가 서울에서 개최된다는 낭보가 며칠 전 나왔지만 마냥 즐거워할 때는 아니다.

앞으로의 국제 대회를 한국이 성공적으로 치루기 위해서는 이번 새만금 잼보리의 문제점을 깊이 분석할 필요가 있다. 특히 많이 지적되는 컨트롤 타워의 부재 문제는 꼭 짚고 넘어가야 한다. 이번 대회는 여성가족부, 행정안전부, 문화체육관광부 장관 세 명을 포함해서 다섯 명의 공동 조직 위원장이 있었다. 나머지 두 명은 위에 언급한 김윤덕 의원과 강태선 한국스카우트 연맹 총재였다. 여기에 김관영 전북지사가 집행 위원장을 맡았다. 다양한 부처와 기관이 개입되었지만 핵심적인 컨트롤 타워가 없는 상태에서 결국은 누구도 전권을 갖고 책임지는 구조가 되지 못했다.

여기서 문제가 되는 것은 여권과 야권, 혹은 중앙 정부와 지방 정부 간의 협력 부재이다. 여당 소속 중앙 정부 장관들과 야당 출신 지방 정부의 수장, 그리고 정치인 간의 원만한 협력과 협조가 있었는지에 대한 의문이다. 대립과 반목이 일상인 한국의 정치 상황에서 쉬울 수 없는 문제다. 이 점은 벌써 이번 대회 실패 책임에 대한 양 진영 간 설전에서 잘 드러난다. 여권은 대회 주최 지방 자치 단체와 이 대회를 유치한 지난 정부에 화살을 돌리는 반면 야권은 중앙 정부의 실정을 지적하고 있다.

대회 장소 선정에 있어서 이러한 난맥상은 잘 나타난다. 애초에 간척지인 새만금에는 그늘이 없어 폭염에 취약하고 배수가 어려워 습지가 생겨서 해충이 극성을 부릴 수 있는 위험이 있었다. 이 때문에 여권에서는 과거 정부가 입지 조건 보다는 정치적 이유로 새만금을 대회 장소로 선정했다고 지적한다. 1991년 있었던 세계 잼보리 대회가 강원도 고성에서 성공적으로 개최된 것은 그늘이나 배수 등 자연 여건에 있어 문제가 없었기 때문이라고 주장한다. 이러한 견해가 어느 정도 타당한지는 알 수 없으나 확실한 것은 이 문제가 정치적으로 비화될 수 밖에 없다는 사실이다.

또 다른 문제로 지적되는 것은 컨트럴 타워가 없는 상태에서 각 담당 기관의 방만하고 무책임한 예산 집행이다. 보도에 따르면 무려 1,000억원이 넘는 대회 예산 중 대부분이 잼버리 운영이 아니라 조직위 운영비 등으로 사용되었다. 또한 전라북도, 부안군, 여성가족부 등 담당 기관 공무원이나 지자체 의원들이 잼버리 준비를 핑계로 외유성 해외 여행을 다녀온 점이 지적된다. 잼버리가 열리지도 않았던 장소를 방문해 유명 관광지를 돌아 보고 영국에서 손흥민 선수의 축구 경기까지 관람했다는 보도가 나오는 것을 보면 방만한 예산 운영은 심각한 수준으로 보인다. 역시 대회 준비가 각 부처 및 기관으로 흩어져 있어 감시가 소홀했기 때문이다.

스카우트는 1907년 영국의 베이든 포우겔 경이 다양한 계층의 청소년 20 여명으로 시작하여 현재 전 세계 4,500만명이 참여하는 지구촌 최대 청소년 운동이다. 이들이 4년에 한번 모여 치루는 잼보리는 지구촌 청소년들의 우정과 이해를 위한 축제 한마당이다. 자연 속에서 서로를 배우고 화합하며 내일을 꿈꾸는 기회다. 새만금 잼보리에 참여한 4 만 여명의 청소년들도 많은 꿈과 기억을 안고 귀국할 것이다. 다만 그 기억이 한국에 대한 어둡고 불쾌한 것이 아니기를 기대해 본다.

아주경제 2023년 8월 11일